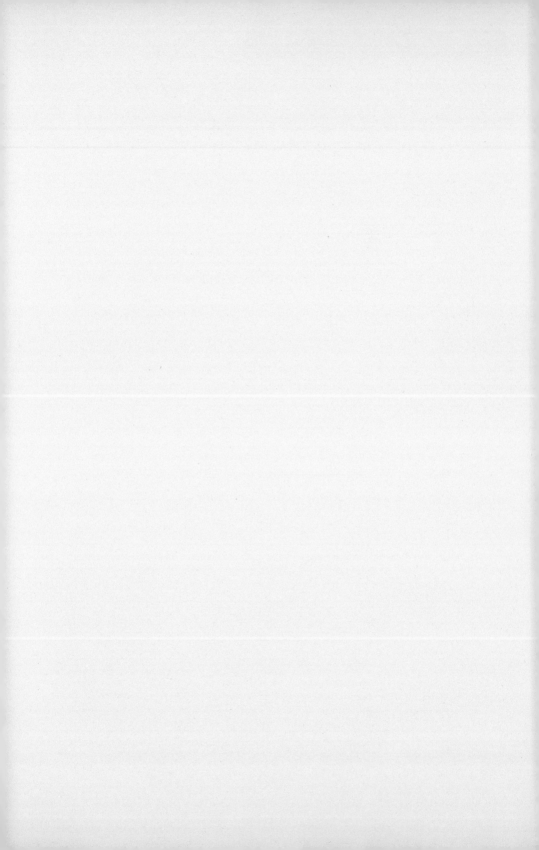

토정 이지함의 생애와 경세론

아 산 인 물 총 서 2

토정 이지함의
생애와 경세론

순천향대학교 아산학연구소 편

보고사
BOGOSA

배려의 마음은 행동이나 습관으로 터득되는 것이지 우연이나 운에 의해서가 아니라고 봅니다. 바람직한 인간상은 어떤 모습일까요. 어려운 환경에서도 착한 심성으로 이웃들의 고통을 이해하고 그들의 삶의 질 향상을 위해 끊임없이 고뇌하고 실천하는 모습이라고 생각합니다.

저희 아산학연구소에서는 아산지역 출신이거나 지역을 위해 기여한 인물들을 발굴하여 학술세미나 등을 개최하고 그 연구 성과물을 '아산인물총서'시리즈로 발간하고 있습니다. 올해 인물총서의 두 번째 주인공은 토정 이지함(1517~1578)입니다.

토정은 한동안 기묘하고 이상한 행동을 보이며 세상과 단절하고 은둔생활을 하였습니다. 유교경전에 관해서는 해박한 지식을 갖고 있었지만 과거에 응시하지도 않았습니다. 50 후반에 이르러서야 비로소 특채로 포천과 아산현감을 지냈습니다. 토정은 이이, 조헌, 조식 등 당대의 명사들과 교류하면서도 사람을 사귐에 귀천을 따지지 않고 노비출신인 서치무, 서기 등을 제자로 삼았습니다.

이렇게 열린 사고를 할 수 있었기 때문에 경직된 조선의 유교사회에서 토정은 상공업을 육성해야 한다는 주장을 펼쳤습니다. 이는 백성의 곤공함을 해소해야 한다는 의지에서 비롯된 것이며 애덤 스미스보다 200년이나 앞선 '토정 국부론'으로 불리고 있습니다.

1578년 토정은 아산현 현감으로 부임하여 3개월 정도 재직하였습니다. 비록 짧은 재임기간이었지만 토정은 군적작성의 폐단을 지적하여 군역제도의 모순을 척결하고자 하였고, 어지(魚池)를 없애버려 공납 폐단을 시정하고자 하였습니다. 특히 재임 시에 가난한 백성을 위한 정책을 펼쳤고 그들에게 생업을 위한 기술을 가르쳐서 자립의 기반을 만들어 주었습니다. 토정은 실천적 애민정신으로 곤궁한 백성들을 도왔던 사회복지의 선구자로서 아산에서 귀감이 되는 학자요 관리였습니다.

본 총서가 나오기까지 연구비를 지원한 아산시 관계자분들에게 진심으로 감사드립니다. 연구로 바쁜 일정 속에서도 옥고를 보내주신 집필진 여러분에게도 감사드립니다. 또한 원고 수집, 편집, 표지 디자인, 교정 등을 위해 애써주신 아산학연구소 직원일동에게도 고마움을 전합니다.

2024년 1월

아산학연구소 소장 박동성

목차

제 1 부
인물과 생애

토정(土亭) 이지함의 생애와 교유 양상

이경동

1. 머리말

토정(土亭) 이지함(李之菡, 1517~1578)은 16세기를 대표하는 처사형 학자이다. 대중적으로는 『토정비결(土亭秘訣)』을 지은 기인(奇人)으로 알려져 있지만, 생애 기간 동안 그의 활동은 매우 다양하다. 일반적으로 은일·처사형 학자로서 다양한 지역을 유람하고 그 과정에서 많은 인물들과의 교유들이 확인되기도 하지만, 아산현감(牙山縣監)을 비롯하여 관료 활동을 통해 자신의 경세적 이상을 실현하기도 했다. 이러한 점에서 토정을 이해하는 것은 16세기 조선이라는 시공간을 살았던 지식인들의 현실인식과 그 대안을 보다 구체적으로 파악할 수 있다는 점에서 의미가 있다.

그의 행적을 기리고 본받기 위해 토정과 직·간접적으로 연관된 지역에서는 서원을 건립하고 위패를 봉안하면서 향사(享祀)를 지내기도 하였다. 대표적인 사례가 아산의 인산서원(仁山書院)과 보령의 화암서원(花巖書院)이다. 인산서원은 1610년(광해군 2) 건립되어 토정과 함께 김굉필·정여창·조광조·이언적·이황·기준·홍가신·이덕민·박지계를 배향하였다. 화암서원도 같은 해인 1610년 건립되었으며 토정과 함께 이산보(李山甫), 이몽규(李夢奎)를 배향하였다. 특히 인산서원은 아산 지역에서 최초로 건립된 서원이자, 김굉필·정여창 등 동방 도학을 대표하는 인물을 함께 배향했던 서원이라는 점에서 주목된다.

토정과 관련된 연구는 현재까지 다양한 분야에 걸쳐 수행되었다. 우선 지역이나 사승관계에 기반하여 토정의 학문적 계보와 그 특징에 대한 연구가 진행되었다.[1] 해당 연구들은 토정의 사상 형성에 영향을 끼친 인물들을 구체적으로 분석한 특징을 보인다. 토정은 유일(遺逸)·처사(處士)로서 규정되면서 화담(花潭) 서경덕(徐敬德), 남명(南溟) 조식(曺植) 등과 함께 범주화되어 그 특징을 분석하기도 하였다.[2] 토정의 일대기를 정리한 평전류 연구들도 확인된다.[3] 이상의

---

1   신병주, 「土亭 李之菌의 學風과 사회경제사상」, 『奎章閣』 19, 서울대학교 규장각 한국학연구원, 1996, 1~30쪽. ; 최근묵, 「保寧地方의 性理學 受容과 그 學脈」, 『大保文化』 6, 대보문화연구회, 1997, 33~48쪽. ; 권인호, 「朝鮮朝 抱川 地域 儒學者의 生涯와 학문사상(Ⅰ) - 土亭 李之菡·思庵 朴淳·研經齋 成海應을 중심으로-」, 『인문학연구』 1, 대진대학교 인문학연구소, 2006, 33~56쪽.

2   정구선, 「朝鮮前期 遺逸之士의 삶에 대한 一考察」, 『慶州史學』 22, 경주사학회, 2003, 167~194쪽.

3   신병주, 『이지함 평전 : 土亭 李之菡』, 글항아리, 2008. ; 이태복, 『조선의 슈퍼스타 토정 이지함-반만년 역사, 최고의 경세가 토정의 삶과 사상-』, 동녘, 2011.

연구들은 토정에 대한 인물이 가진 성격과 역사적 위상을 규명하였
다는 특징이 있다.

　다른 한편으로 토정에 관한 특정 주제를 중심으로 한 연구도 있
다. 우선 경세학(經世學)과 관련하여 토정의 시각 및 관점을 분석한
연구와,[4] 아산현감 당시에 수행했던 빈민구제활동에 대한 연구가
있다.[5] 해당 연구는 재야 지식인으로 알려져 있던 토정의 현실 지향
적 면모를 파악하였다는 점에서 의미가 있다. 이외에 토정에 관한
설화와 관련한 연구와[6] 토정의 대표적인 저술인『토정비결』과 관련
한 연구도 수행되었다.[7] 토정의 배향 서원인 인산서원과 화암서원

4　황광욱, 「土亭 李之菡의 人間觀과 道德的 經世論에 관한 小考」, 『한국철학논집』
　　19, 한국철학사연구회, 2006, 205~248쪽. ; 이윤규, 「토정 이지함 경제관의
　　현대적 재조명」, 『한국전통상학연구』 22-2, 한국전통상학회, 2008, 9~19쪽.
　　; 김성준, 「토정 이지함의 유통경제관과 그 영향」, 『해운물류연구』 26-3, 한국해
　　운물류학회, 2010, 633~649쪽.

5　방기철, 「이지함(李之菡)의 빈민구제활동과 걸인청(乞人廳)」, 『한국사상과 문
　　화』 92, 한국사상문화학회, 2018, 93~115쪽. ; 유춘동, 「토정(土亭) 이지함 관
　　련 자료로 본 걸인청(乞人廳)의 복원문제」, 『한국사상과 문화』 94, 한국사상문
　　화학회, 2018, 135~154쪽.

6　최운식, 「설화에 나타난 土亭의 모습」, 『說話와 歷史』, 집문당, 2000, 567~584
　　쪽. ; 최운식, 「토정(土亭) 이지함(李之菡) 설화 연구」, 『역사민속학』 33-1, 한
　　국역사민속학회, 2001, 299~333쪽. ; 손지봉·안장리, 「문학 속의 牙山 연구」,
　　『한국민속학』 36, 한국민속학회, 2002, 147~180쪽 ; 황인덕, 「〈아전의 흉계로
　　죽은 토정〉 전설 연구」, 『충청문화연구』 2, 충남대학교 충청문화연구소, 2009,
　　125~158쪽. ; 황인덕, 「〈조카의 반심을 교화한 토정〉 전설의 역사의식과 역사배
　　경」, 『어문연구』 63, 어문연구학회, 2010, 217~244쪽. ; 황인덕, 「이 토정의
　　'청주 홍수 예고' 전설 고찰」, 『어문연구』 76, 어문연구학회, 2013, 125~148쪽.

7　박종덕, 「土亭 李之菡의 사상과 『土亭秘訣』」, 『역사와 세계』 38, 효원사학회,
　　2010, 179~206쪽. ; 임채우, 「토정비결(土亭秘訣) 점법(占法)의 역학적 의미:
　　주역(周易) 및 도가(道家)점법과의 비교를 통해서」, 『동서철학연구』 77, 한국동

에 대한 연구도 확인된다.[8] 이를 통해 토정에 대한 다양한 면모를
이해할 수 있다.

이상의 연구들을 통해 토정의 행적이나 사상에 대한 이해는 일정
부분 진행되었으나, 실제로 누구를 만났는지 그리고 그 과정에서 토
정이 어떠한 시대인식을 가지고 교유한 인물들과 공유하고 있었는
지에 대해서는 추가적인 검토가 필요하다. 이에 이 글에서는 토정의
생애 과정에서 형성된 교유관계를 구체적으로 살펴보고 이에 대한
특징을 규명하는 것을 목적으로 한다. 교유관계의 범위는 편의상 토
정의 스승에 관한 사승관계, 토정과 종유(從遊)한 인물들, 그리고 토
정의 제자인 문인(門人)으로 구분하였다. 이들은 토정의 교유 양상
과 함께 토정이 인식했던 현실관을 확인할 수 있을 것이다.

본 연구를 위해『토정선생유고(土亭先生遺稿)』를 주 자료로 활용
하였다.『토정선생유고』는 1672년 이선(李選)이 편성하고, 이후 현
손(玄孫) 이정억(李禎億)과 외현손(外玄孫) 조세환(趙世煥)이 함께 간
행을 도모하여 1720년 경주(慶州) 부윤(府尹) 이정익(李禎翊)에 의해
간행되어 현전한다.『토정선생유고』에는 토정과 관련한 많은 내용
들이 수록되어 있어 교유관계를 파악하는데 유용하다. 이와 더불어
학맥을 파악할 수 있는 사우록(師友錄)이나 토정과 직·간접적으로
연관된 인물의 문집 등의 자료를 보조적으로 활용하였다. 이를 통해

서철학회, 2015, 583~608쪽.

8 김영모,「화암서원(花巖書院) 연구」,『충청학과 충청문화』29-1, 충남대학교
충청문화연구소, 2020, 159~188쪽. ; 이근호,「임란 이후 洪可臣의 활동과 인산
서원 배향」,『한국서원학보』15, 한국서원학회, 2022, 153~176쪽.

기존 연구에서 밝혀졌던 토정의 교유관계의 실제가 일정부분 해소
되기를 기대한다.

2. 토정의 스승 - 장형 이지번과 처사형 사림들

정호(鄭澔)가 작성한『토정선생유고』서문에 의하면 토정의 교유
인물을 다음과 같이 규정하고 있다.

> 선생이 사귀신 분으로는 사암(思庵) 박순(朴淳), 제봉(霽峰) 고경명
> (高敬命), 율곡(栗谷) 이이(李珥), 우계(牛溪) 성혼(成渾), 월정(月汀) 윤
> 근수(尹根壽), 그리고 송강(松江) 선조가 있는데, 다 한 시대의 이름 높
> 은 명사들이었다. 선생이 가르치신 사람 가운데 뜻을 이룩한 사람으로는
> 이산보(李山甫)와 중봉(重峯) 조헌(趙憲), 서치무(徐致武), 박춘무(朴春
> 茂), 서기(徐起) 같은 분들이 있다. 이분들 역시 선생과 더불어 취미가
> 서로 비슷하고 즐기고 좋아함도 보통이 아니어서 마치 지초와 난초 사이
> 인 양 향기로웠다. 그러나 간사스럽고 아첨하는 소인배들에 대해서는
> 뱀이나 전갈처럼 여기시고 오물이나 흙덩이를 버리듯이 하였다.[9]

서문에는 교유관계의 범주를 크게 평소에 종유했던 인물과 문인
으로 이원화하여 이해하고 있음을 알 수 있다. 박순, 고경명, 이이,

---

9 『土亭先生遺稿』卷上,「土亭先生遺稿序」.

성혼, 윤근수, 정철 등은 종유인물, 이산보, 조헌, 서치무, 박춘무,
서기는 제자 그리고 그 중에서도 뜻을 이룬 인물로 파악된다. 이와
함께 소인배에 해당되는 인물과는 인연을 이어가지 않았던 사실도
서문을 통해 확인할 수 있다. 대체로 종유인물이나 문인들은 명종말
에서 선조 전반기에 조정에서 사류(士類)로서 활동했거나, 재야 지
식인으로 활동하였다.

반면, 토정이 어떤 인물에게서 직접적인 영향을 받았는지는 명확
하게 알 수 없다. 이러한 점에서 토정의 유년기부터 행적을 추적하
여 스승에 해당되는 인물을 파악해 볼 필요가 있다. 토정은 유년시
절에 부친을 여의었기 때문에 부친으로부터 직접적인 가학(家學)을
전승받지는 못했지만, 장형인 성암(省菴) 이지번(李之蕃)에게 학문적
인 가르침을 직접 받았던 것으로 보인다. 이지번과 토정의 학문적
관계는 다음의 내용에서 확인할 수 있다.

   (a) 선생은 어렸을 때는 공부를 하지 않았다. 장성한 뒤에야 형 지번
      이 독서를 권면하였다. 선생은 분발하여 부지런히 학문을 배웠
      다. 잠을 잊기도 하고 밥을 잊기도 하면서 책에 파묻혀 살았다.
      마침내 오래지 않아서 글의 뜻을 통달하게 되었으나, 남들이 다
      하는 과거공부는 하지 않았다. 세속에 얽매이지 않고 자유 분방
      하게 살아가기로 작정한 것이었다.[10]
   (b) 형님인 지번이 세상을 떠나자 선생은 어버이를 여읜 것처럼 애통
      해 하면서 삼년 동안 상복을 입고 나서 다시 3년 동안 상복을 입

10 『土亭先生遺稿』卷下, 記,「遺事」出石潭日記.

은 것처럼 근신하고 지냈다. 어떤 사람이 "혹시 예법에 지나치지
않습니까?" 하고 물었을 때 선생의 대답은 이러하였다. "형님은
바로 내 스승이셨으니, 스승의 위해 심상(心喪) 3년을 더하는 것
뿐이오."[11]

위 내용에 의하면 유년기에 토정은 학업에 관심을 두지 않았으
며, 학문을 본격적으로 익힌 것은 장성한 이후로 추정된다. 학업의
계기는 장형 이지번이 학문을 권면하였기 때문인데, 이 과정에서 문
의(文義)를 포함한 경서의 이해는 이지번의 도움을 통해 진행된 것
으로 보인다. 토정은 이지번을 스승으로 여기고 대했다. 이지번의
사망 이후 토정 스스로 이지번을 스승으로 여기고 심상(心喪) 3년을
하였다는 점은 손위 장형으로서의 대우가 아닌 스승으로서의 대우
였음을 짐작해 볼 수 있다.

청·장년기까지의 토정의 학문은 장형인 이지번과 개인 학습을
통해 완성되었다. 특히 이지번을 스승으로 모셨다는 내용으로 미루
어보아 아버지는 아니지만 장형인 이지번으로부터 가학의 영향으로
자신의 학문을 완수하였다. 다만 그 학문의 지향점이 과거 등의 입
신양명이 아닌 자신의 수양과 이해를 위한 점이었다는 사실에서 일
반적인 사류(士類)와는 다른 행적을 보인다.

가학을 중심으로 자신의 학문을 일정부분 성취한 이후에는 전국
에 분포하는 저명한 인사들을 방문하여 학문을 연마하였다. 토정이

---

11 『土亭先生遺稿』 卷下, 記, 「遺事」 出石潭日記.

방문한 인물들은 화담(花潭) 서경덕(徐敬德), 남명(南溟) 조식(曺植),
대곡(大谷) 성운(成運) 등이 있다. 이들은 모두 처사형 산림이라는
공통점이 있다.[12] 이와 같은 인물들에게 학문을 배우고자 했던 점은
토정 자체가 가지고 있는 현실관을 그대로 보여주고 있다.

사승관계를 직접적으로 드러내주는 것이 문인록(門人錄)이다. 문
인록은 한 인물을 중심으로 형성된 제자들의 구성을 보여준다는 점
에서 주목된다.[13] 화담과 남명 문인록에는 토정이 모두 포함되어 있
는데, 문인록의 수록된 인물을 제시하면 다음과 같다.

〈표 1〉 화담과 남명 문인록에 수록된 명단

인물	문인	출처
화담	閔純, 許曄, 朴民獻, 李之菡, 朴枝華, 南彦經, 崔櫟, 金惠孫, 馬羲慶, 申濟, 朴黎獻, 車軾, 李均, 黃元孫, 金漢傑, 崔自陽, 鄭芝衍, 姜文佑, 李仲虎, 金謹恭, 張可順	『화담집(花潭集)』 「문인록(門人錄)」
남명	[從遊] 李晦齋, 李退溪, 金三足堂, 成聽松, 朴逍遙堂, 成參奉, 成大谷, 李崇德齋, 李東皐, 申松溪, 李一齋, 林葛川, 宋圭庵, 李淸香堂, 郭警齋, 李黃江, 成東洲, 金七峰, 丁游軒, 李龜岩, 盧蘇齋, 李土亭, 盧玉溪, 金判事, 崔溪堂 [見編年], 崔○○ [見東國文獻錄], 洪耻齋 [見東國文獻錄]	『덕천사우연원록(德川師友淵源錄)』

12 처사형 산림에 대한 정의와 범주에 대해서는 신병주, 「16세기 處士類 士林의 擡頭와 學風 -南冥 曺敬과 花潭 徐敬德을 중심으로-」, 『奎章閣』 21, 서울대학교 규장각한국학연구원, 1998, 33~41쪽 참조.
13 문인록은 사우록(師友錄), 연원록(淵源錄)이라는 명칭으로 편찬되기도 하며 한 인물을 중심으로 한 학파의 전승과정을 파악하는데 유용하다(고영진, 「조선시대 유학 계보 연구의 검토」, 『韓國思想史學』 41, 한국사상사학회, 2012, 263~306쪽).

화담 문인록의 경우 토정을 문인의 4번째 순서로 수록하였다. 문
인록에 의하면 토정은 화담에게 주역을 배웠던 것으로 보인다.[14] 문
인록의 수록 순서는 문인 내에서의 위상을 보여주고 있기 때문에,
상위 그룹에 토정이 수록되어 있다는 사실은 화담학파 내에서도 토
정이 문인 내에서 중요하게 인식된 인물임을 보여준다. 반면, 남명의
문인록인『덕천사우연원록』에는 문인이 아닌 종유(從遊) 항목에 토
정을 수록하고 있다는 점에서 남명의 문인들이 토정을 문인보다는
스승인 남명과의 종유인물의 하나로 인식하고 있음을 알 수 있다.
　　화담과 토정의 관계는 동국(東國) 학문 계보와 관련한 저술들에
서도 확인되는데, 이를 제시하면 다음과 같다.

〈표 2〉 동국 학문 계보와 관련된 저술에 기재된 토정과 화담의 관련성

저서	간행시기	내용
동유사우록 (東儒師友錄)	1682	○ 화담선생(花潭先生) 문인(門人) 19명 閔杏村, 洪恥齋, <u>李土亭</u>, 朴守庵, 鍾城令 諱球, 朴瑟僩 諱民獻, 南東岡 諱彦經, 崔處士 諱櫟, 朴文忠公 有《思菴集》, 許草堂, 金郡守 諱惠孫, 李均, 黃元孫, 金府使 諱漢傑, 車郡守 諱軾, 馬參奉 諱義慶, 姜校理 諱文佑, 崔進士 諱自陽
조선유교연원 (朝鮮儒敎淵源)	1922	○ 이지함 자는 형중(馨仲) 한산(韓山) 사람이다. 거실(居室)을 지음에 그 위에 흙으로 평평하게 하였기 때문에 호를 토정(土亭)이라 하였다. **화담(花潭)보다 29살 연하인데**, 氣度가 비상하고 孝友가 뛰어났는데, 평생토록 독서를 드물게 하였으나, 책을 잡으면 반드시 아침부터 밤까지 이르니 …(하략)…
동유학안	1970	○ **현감 토정 이선생 지함**

---

14 『花潭先生文集』卷4, 附錄, 「門人錄」, "李之菌 …… 妙歲 受易於先生 僑寓隣舍"

저서	간행시기	내용
(東儒學案)		이지함은 자가 형중(馨仲) 호는 토정(土亭) 성암(省菴) 지번(之蕃)의 아우이다. **어려서 화담(花潭) 서문강공(徐文康公)에게 학업을 배워 학문에 힘쓰고 행실이 독실하였으며** 여러 학술에 두루 통달하여 …(후략)….

〈표 2〉에서와 같이 1682년 박세채에 의해 편찬된『동유사우록』에는 화담의 문인 19명 중에서 토정을 세 번째 인물로 수록하였으며, 20세기에 간행된『조선유교연원』이나『동유학안』에는 화담과의 관련성을 기술하고 있다. 동국 학문 계보에서 토정은 화담과의 관련성 속에서 이해하고 있다.

토정은 화담을 찾아가 일정기간 학업을 배웠다. 화담의 학문이 훌륭하다는 소문을 듣고 송도로 직접 찾아가 낮에는 화담에게 배우고 밤에는 숙소로 돌아갔는데, 이 과정에서 부녀자의 유혹을 뿌리쳤다는 일화는 토정의 비상함을 보여주는 일화이기도 하지만, 다른 한편으로 토정이 직접 송도에서 머물면서 화담에게 학문을 전수받았음을 보여준다.[15] 기록의 한계로 인하여 얼마만큼을 체류하여 학문을 전수받았는지에 대해서는 구체적으로 파악하기는 어려우나, 문인들의 공론에 의해 간행되는 문집 편찬의 과정에서 토정이「문인록」에 수록되었다는 것은 문인 집단 내에서도 토정이 문인의 일원으로 포함되어도 무방하다는 합의와 근거가 있었을 것이라는 추론이 가능하다.

---

15 『土亭先生遺稿』卷下, 記,「遺事」出朴玄石師友錄.

남명의 경우 토정이 찾아와서 학업을 배웠다는 구체적인 근거는
존재하지 않지만, 남쪽을 유람하다가 조식을 방문했다는 기록이 있
다.[16] 다만, 조식이 세상을 피하여 은둔할 당시에 정신적인 교분을
맺었으며 그 결과 우의가 돈독하다는 언급을 통해 사승관계는 아니
더라도 일정부분 학문적 견해를 토론하였을 것으로 보인다.[17]

화담과 남명과 더불어 주목되는 인물의 하나가 대곡(大谷) 성운
(成運)이다. 남명과 함께 유년기부터 도의지교를 맺은 성운은 사화
등으로 인해 정치에 염증을 느끼고 속리산 아래에 은거하던 16세기
의 대표적인 은일지사이다. 대곡과 토정의 관계는 동춘당 송준길이
작성한 「대곡선생행장(大谷先生行狀)」을 통해 구체적으로 확인할 수
있다.

　　선생은 선비를 사랑하고 현자를 좋아하는 것이 천성이었으나, 매양
경솔히 허여하는 것을 깊은 경계로 삼았고, 덕(德) 있는 사람에게 덕
있는 사람이 찾아오는 것을 지극한 즐거움으로 삼았다. 동주(東洲 성제
원(成悌元)), 청송(聽松 성수침(成守琛)), 우계(牛溪 성혼(成渾)) 같은
당시의 현인이 모두 선생의 일문(一門)에 모였고, 또 서화담(徐花潭 서
경덕(徐敬德)), 이토정(李土亭 이지함(李之菡)), 조남명(曺南冥 조식(曺
植)) 같은 분들이 모두 동시대의 벗으로 함께 서소(書疏)를 강론하기도
하고, 체통(遞筒)해 가며 시문(詩文)을 주고받기도 하였다. 그러나 그중
에서 선생은 남명과 가장 친하였다. …(중략)… 선생이 당세의 인물을
평가함에 있어서는 청송을 제일로 여겼다. 동주가 삼산 현감(三山縣監)

16　『記言』卷11,「淸士列傳」.
17　『土亭先生遺稿』卷下, 記,「遺事」出重峯疏.

으로 있을 적에 남명이 찾아와서, 세 벗이 한 자리에 모였던 즐거움과
학문을 강론해 연마하고 서로 도와 절차탁마(切磋琢磨)했던 논의를 그
곳 사람들이 아직까지 부러워하며 전일의 일처럼 전하고 있다. 화담,
토정도 함께 와서 침상(寢床)을 맞대고 며칠 밤을 이야기로 보내니, 상
공(相公) 이준경(李浚慶)이 이 소식을 듣고서 "그때 하늘에는 응당 덕성
(德星)의 이동이 있었을 것이다."라고 감탄하였다.[18]

성제원이 삼산현감으로 재직할 당시에 남명이 대곡을 찾아왔고,
이와 함께 화담과 토정도 방문하여 함께 많은 이야기를 나누었다는
언급은 실제로 이 인물들이 상호간의 관련성 속에 있었음을 보여준
다. 아무런 연고가 없는 인물과의 교류라기보다는 평소에 상호간의
친분을 전제로 한 만남이었던 것으로 짐작된다. 이 와중에 다른 인
물들보다 연배가 어린 토정이 포함되었다는 점은 이들을 스승의 관
점에서 대했음을 보여준다. 특히 참여한 모든 이들이 은일지사라는
사실은 이후 토정의 행적을 유추해 볼 때, 은일지사로서의 삶을 지
향하고 이들과 동일한 실천을 지향하려는 의도로 여겨진다.

가학인 성암에게 출발한 토정의 학문관은 이후 은일지사였던 화
담, 남명, 대곡 등과의 교류를 통해 자신만의 독특한 사상을 형성할
수 있었다. 이렇게 형성된 토정의 사상적 특징은 다음의 율곡의 평
가를 통해 확인할 수 있다.

---

18 『同春堂先生文集』卷20, 行狀, 「大谷成先生行狀」.;『燃藜室記述』卷11, 「明宗
朝 故事本末」.

그의 학문은 경(敬)을 주로 삼고 이치를 궁구하는 것을 위주로 하였다. 일찍이 말하기를, "성인은 배워서 능할 수 있는데, 오직 자포자기하고 노력하지 않는 것이 걱정이다." 하였다.[19]

율곡의 평가는 토정의 학문에 대한 지향점을 보여준다. 경(敬)을 강조한 것은 16세기 조선 성리학 사조의 한 측면을 보여주면서, 자포자기 즉 선행적으로 노력하지 않는 것을 지양하는 태도를 나타낸다. 또한 토정의 행적을 살펴보면 이론적 측면보다는 실천적 측면에 더 중시하였다. 아산현감 당시의 구휼 활동 등의 치적이나, 이후 설명하는 문인들의 다양한 신분적 범위를 고려해 보면, 토정이 지향하는 경은 실천적이면서도 실질적인 혜택 혹은 결과를 도출하는 것이었다.[20] 이러한 경 중심의 사유구조는 자신의 학문적 스승인 성암과 처사형 산림들과의 교류를 통해 성취한 결과물이기도 하다.

3. 종유 인물, 토정의 삶에서 그가 만난 사람들

스승과 함께 종유(從遊) 관계의 인물들이 있다. 이들은 토정과 사

---

19 『土亭先生遺稿』卷下, 記, 「遺事」 出石潭日記.
20 토정의 학풍을 학문적 다양성과 개방성으로 규정하고 있기도 하다(신병주, 「土亭 李之菌의 學風과 사회경제사상」, 『규장각』 19, 서울대학교 규장각한국학연구원, 1996, 19~21쪽 참조)

승관계에 놓여있지 않고, 삶의 큰 궤적에서 동일한 학문적·정치적
지향점을 가지고 만난 인물들이다. 『선조수정실록(宣祖修正實錄)』에
'짚신에 죽립(竹笠) 차림으로 걸어서 사방을 돌아다니며 도학(道學)
과 명절(名節)이 있는 선비들과 교유했다'는 기록으로 미루어 보아
전국을 유람하는 과정에서 종유 관계를 형성했음을 알 수 있다.[21]
이러한 종유 인물들은 연치(年齒)를 가리지 않고 상당히 다양한 범
주에서 확인된다.

　토정이 은일·처사형 지식인으로서 살아가는 여러 가지 배경이
있지만, 그 중에서 가장 대표적인 것은 바로 안명세(安名世)의 피화
(被禍)이다. 안명세의 피화는 을사사화와 양재역 벽서 사건 이후 가
화(加禍)의 정당성을 합리화하기 위해 명종 3년(1548) 『속무정보감
(續武定寶鑑)』을 편찬하는 과정에서 을사년의 시정기(時政記) 기록에
서 피화인들의 초사가 생략되고 이들을 역적으로 기록하지 않은 것
이 확인되면서 당시의 사관이었던 안명세 등을 처형한 사건이다.[22]
이 과정에서 토정은 안명세의 영결을 하였다. 당시 토정은 32세 안
명세는 31세로 친우관계였을 것으로 추정된다. 안명세와 토정의 관
계는 다음의 자료에서 확인된다.

21 『宣祖修正實錄』卷7, 6년 5월 庚辰.
22 안명세의 사초 사건과 관련해서는 한춘순, 「明宗代 乙巳士禍 硏究」, 『인문학연
　　구』 2, 경희대학교 인문학연구원, 1998, 317~357쪽. ; 김우기, 『朝鮮中期 戚臣
　　政治硏究』, 집문당, 2001, 42~48쪽. ; 한춘순, 『明宗代 勳戚政治 硏究』, 혜안,
　　2006, 62~65쪽 참조.

　　이지함(李之菡)은 명세와 매우 친했는데, 명세가 죽음을 당하던 날 서로 손을 잡고 영결을 하고는 옷을 찢어 발을 싸매고 달아났다. 이기가 장차 이황(李滉)까지 얽어 넣고자 하여 동료들이 모인 가운데서 팔을 걷어 붙이고 떠들어대어 일이 위태할 뻔 하였으나, 그 조카 원록(元祿)이 울면서 말렸으므로 관직만 삭탈되었다.[23]

　　토정이 실제 안명세와 어떠한 인연이었던 것인지는 구체적인 자료가 없어 확인하기 어렵지만 자료를 토대로 둘 사이의 관계는 상당히 오래 되었음을 알 수 있다. 토정은 안명세의 피화에 있어 마지막 영결을 지켜보았던 것은 단순한 친분관계 이상을 의미한다. 또한, 이후 그의 제자인 중봉 조헌의 견해에서도 알 수 있듯이 안명세를 평생토록 추모하고 애도하였다고 한다.[24] 토정도 안명세의 죽음을 보고 관료에 진출하려고 했던 관심을 끊어버리는 결정적인 계기가 되지 않았나 생각된다. 실제로 을사사화를 전후로 사류들 중에는 출사를 포기하는 경우가 많았다. 퇴계의 경우도 형인 온계(溫溪) 이해(李瀣)가 을사사화에 연루되어 사사되는 상황에서 낙향을 선택한 것도 이러한 영향으로 여겨진다.[25] 토정의 경우 안명세의 피화과 자신의 출사관을 형성하는 결정적인 이유가 되지 않나 생각된다.

23　『燃藜室記述』卷10, 明宗朝故事本末.
24　『土亭先生遺稿』卷下, 記,「遺事」出重峯疏.
25　이성무,「퇴계 이황의 생애와 사상」,『조선시대사학보』45, 조선시대사학회, 2008, 179~218쪽. ; 김영두,『퇴계, 인간의 도리를 말하다』, 푸르메, 2011, 71~80쪽. ; 오지환,「퇴계의 선비관」,『유학연구』34, 충남대학교 유학연구소, 2016, 51~84쪽.

이와 같은 출사관은 「피지음설(避知音說)」을 통해서도 단편적으로 확인된다.

> 선비가 출세를 하거나 벼슬길에 오르는 것은 지음(知音)이 있기 때문이다. 그러나 어수선한 말세(末世)에서 맺는 지음은 재앙의 빌미일 뿐이다. …(중략)… 남에게 지음을 받은 이 치고 재앙을 입지 않은 이가 드물었다. 뿐만 아니라 그랬음에도 불구하고 곤경에 처하지 않고 욕을 보지 않은 채 제대로 처신한 이가 있었다는 말을 나는 듣지 못하였다. 그러므로 사람들 중에 누군가가 지음을 맺기를 원하는 이가 있을 경우에 현명한 선비는 먼저 피하고 볼 일이다. 서로 만나고도 재앙을 끼치지 않는 지음이 있다면, 오로지 산수자연(山水自然)과 맺는 지음뿐이며, 들녘에서 농사를 짓는 동안 자연스럽게 맺어지는 지음이 있을 따름이니라.[26]

안명세의 피화사건을 포함하여 당시에 발생한 다양한 사화 속에서 토정은 지음(知音) 즉 자신의 입사를 위해 노력하는 것을 경계하였다. 이것은 자신의 현실관이 반영된 것이라고 할 수 있다. 결국 토정 자신도 선조 6년 조목, 성혼, 최영경, 정구 등과 함께 천거를 통해 6품관에 임명되었는데,[27] 이 또한 '천거'를 통해 진행되었음을 고려해 볼 때 자신이 경계한 상황이 도출되었던 것임을 알 수 있다.

안명세가 토정의 초기 교유의 대표적인 인물이라면, 『토정선생 유고』 서문에 나와있는 바와 같이 장년 이후의 주요한 교유인물은

---

26 『土亭先生遺稿』卷上, 說, 「避知音說」.

27 『土亭先生遺稿』卷下, 記, 「遺事」出參判李廷馨東閣雜記. ;『記言』別集 卷16, 丘墓文, 「蘇齋先生神道碑銘」. ;『眉庵先生文集』卷10, 日記, 癸酉 6월 3일·5일

박순, 고경명, 이이, 성혼, 윤근수, 정철 등이다. 대부분의 인물들이 명종말에서 선조초반 관료로 활동하였으며, 구신(舊臣)보다는 신진 사류에 속해 있다. 해당 인물의 관계를 중심으로 토정의 교유인물을 살펴볼 필요가 있다.

박순의 기록은 명확하지 않다. 시사를 평가하면서 토정이 박순에 대해 인군에게 충성하고 나라를 사랑하는 유일한 신하로 규정하고, 박순이 떠난다면 조정이 위태로워질 것이라는 언급은 있다.[28] 박순이 화담의 제자였다는 사실에 주목해 본다면 화담과의 교류 속에서 제자 중의 한명이었던 박순과 일정부분 교류가 있었을 것으로 추정된다. 이후 토정은 박순의 문인인 안민학과도 교유관계를 유지하는 것으로 나타나는데 이 역시 화담학파라는 범주 내에서 이루어졌음을 알 수 있다.

고경명의 경우 토정이 쓴 「과욕론(過慾論)」을 보고 소회를 밝힌 시를 쓰기도 했으며[29] 실제 교류가 활발하였던 것으로 추정된다. 이는 다음의 율시 서문을 통해 잘 드러난다.

1576년(선조 9) 겨울에 선생께서 보령으로부터 배를 타고 순천에 도착하여 배를 놔두고 걸어가서 정 송강, 서하 가서 김강숙 성원을 역방하고 마침내 서석에 올라 증심사에 머무른 지가 총 엿새 동안이었다. 증심사로부터 나의 설죽와에 들르셨는데 밤새도로 극담하셨다. 다음날 내가 재호를 청하자 선생께서 '불이(不已)'라고 지어주셨으나. 아닌 『시경

---

28 『思庵先生文集』卷7, 附錄, 「諸家記述」.

29 『土亭先生遺稿』卷下, 附錄, 「先生見示所著寡慾論 且戒酒 邀以一言 敢述鄙懷」.

(詩經)』주송(周頌) 유천지명(維天之命)의 "하늘의 명은 아아, 깊고도 멀어서 잠시도 그치지 않는 거라네."라고 한 구절의 뜻을 취하신 것으로 나의 이름에 '명(命)'자가 들어 있기 때문에 그러하신 것이다. 내가 막 선생께 명(銘)을 지어 주실 것을 청하고자 하였으나 선생께서는 길을 떠나셨다. 또 내가 단률(短律) 한 편을 지었기에 삼가 선생의 행헌(行軒)을 받들어 올리는 바이다.[30]

서문에서와 같이 토정은 고경명을 만나기 위해 직접 보령에서 순천까지 배를 타고 온 것으로 보인다. 또한, 만남과 동시에 다양한 담론을 나누었으며, 서재의 명칭을 불이(不二)라고 명명해 줄 만큼의 친분을 확인할 수 있다. 이러한 방식의 만남이 이례적이었을 것으로 보이지는 않으며 지속적이었을 것으로 추정된다.

다음으로 주목할 인물들은 이이, 성혼, 정철이다. 토정의 제자였던 조헌은 토정이 평소에 이이와 성혼을 가장 공경하고 소중하게 여겼으며 정철의 곧은 성품을 자주 칭찬하였다고 언급할 정도로 세 인물과는 밀접한 관련 속에서 교유가 이루어졌을 것으로 보인다.[31] 다만 이들은 토정과 대략 20살 내외의 나이차를 보이고 있었기 때문에, 실제로 안명세 등과 같은 친우라기보다는 자신의 현실인식과 학문적 지향점을 공유하고 이를 논의했던 젊은 세대로 보는 것이

---

30 『土亭先生遺稿』卷下, 附錄, 「丙子冬 先生自保寧 挐舟到順天 舍舟徒步 歷訪鄭松江棲霞樓 遂登瑞石 留證心寺者凡六日 自證心 過余雪竹窩 劇談竟夜 翌日余請齋號 先生命以不已 蓋取諸天命不已之義 而以賤名帶命字故也 方欲請先生銘 而先生行矣 又得短律一篇 奉呈先生行軒」.;『霽峯集』卷3, 詩, 「土亭見示所著寡慾論 且戒酒 邀以一言 敢述鄙懷」.

31 『土亭先生遺稿』卷下, 記, 「遺事」出重峯疏.

합당하리라 본다.

이 중에서 특히 주목되는 것은 바로 율곡 이이와의 관계이다. 주지하다시피 율곡 이이는 선조대 초판 중앙정계에서 조정론·경세론 등을 주장하며 활발하게 활동했던 관료-지식인이었다.[32] 토정은 율곡 이이와의 대화뿐만 아니라, 낙향 등 중요한 사건에 맞물려서 율곡과 지속적인 논의를 진행하였다. 이는 율곡 이이가 남긴 『경연일기』를 통해 확인할 수 있는데, 그 내용은 다음과 같다.

> (a) 선생은 아는 사람들 가운데서 율곡 이이와 가장 교분이 두터웠다. 한번은 율곡이 선생더러 성리학에 전념하는 것이 어떠냐고 했는데, 선생은 "나는 욕심이 많아서 성리학에만 매달릴 수가 없다네" 하였다. 율곡이 "명리나 요란스러운 것을 싫어하시는 분이 무슨 욕심이 있으시기에 학문에 방해가 된다는 말씀입니까?" 선생이 대답하였다. "왜 하필 세속의 명예와 이익, 음악과 여색 따위만 욕심이라고 하겠는가. 마음이 지향하는 것도 천지 자연의 이치가 아니면 모두가 인간의 욕심이라고 할 것일세. 나는 내멋대로 거침없이 사는 생활을 좋아해서 내 스스로 내 한몸조차 단속하지 못하고 있네. 이 역시 물욕이 아니겠는가."[33]
>
> (b) 김계휘(金繼輝)가 율곡 이이에게 물었다. "형중(馨仲, 토정의 자)은 어떤 사람인가? 누구는 그이를 제갈량에다가 견주는데, 과연 그럴 만한 인물인가?" 이이는 다음과 같이 대답하였다. "토정은 실용에 맞는 인재가 아닌데 어떻게 제갈량과 견줄 수 있겠는가.

32　이에 대해서는 이경동, 『조선후기 정치·사상계의 율곡 이이 인식 변화 연구』, 고려대학교 박사학위논문, 2019, 19~96쪽 참조.

33　『土亭先生遺稿』 卷下, 記, 「遺事」 出石潭日記.

그이를 사물에다 비유한다면 세상에 흔치 않은 기이한 꽃이나 풀이라고 할 것이요, 진귀한 새나 이상스러운 돌일 뿐, 일상생활에 필요한 삼베나 비단, 콩이나 곡식 종류는 아닐세.”그 후 선생은 율곡의 말을 전해듣고 웃으면서 이렇게 말하였다. “내가 비록 콩이나 곡식은 아닐지라도 도토리 열매쯤은 될 터인데, 어째서 전혀 쓸모가 없단 말인가.”선생은 오래 견디는 성격이 못 되었고, 무슨 일이나 기발한 것을 좋아하여 통상적인 것을 따라 일을 이루는 분이 아니었기에, 이이는 그런 말로 논평을 한 것이었다.[34]

(c) 이지함(李之菌)이 이이에게 와 보는데 명사들이 많이 모였다. 이지함이 좌우를 돌아보며 큰 소리로 말하기를, “성현이 하신 일도 자못 후폐(後弊)를 만들었다.” 하였다. 이이가 웃으며 말하기를, “무슨 기담(奇談)을 이렇게까지 하시오. 내가 늘 원하는 것은 존장(尊丈)께서 글 하나를 지으셔서 장자(莊子)와 짝이 되는 것입니다.” 하였다. 이지함이 웃으며 말하기를, “공자께서 병을 핑계하고 유비(孺悲)를 보지 않았고, 맹자가 병을 핑계하여 제왕(齊王)이 부르는데도 가지 않았기 때문에 후세의 선비들이 없는 병도 있다 하니, 병을 핑계로 사람을 속이는 것은 남의 집의 게으른 종과 머슴들이 하는 짓인데 선비로서 차마 이런 짓을 하면서 공자·맹자가 하던 일이라 하니, 어찌 성현이 하신 일이 후폐가 되지 않았는가. 내가 어찌 장자(莊子)의 말을 하리오.” 하였다. 온 좌석이 모두 웃었다. 이때에 이이가 병을 핑계하여 장차 대사간을 사면하려 하는 까닭으로 이지함이 이런 말을 한 것이다. 이지함이 또 말하기를, “작년의 요성(妖星)을 나는 서성(瑞星)이라 한다.” 하였다. 이이가, “어떻게 하는 말입니까?”물으니, 이지함이 말하기를, “인심과 세상의 도가 극히 퇴폐하여 장차 큰 변이 생길 듯

하더니, 그 별이 나온 뒤로 상하가 모두 송구하여 인심이 약간 변하여 겨우 큰 변은 생기지 않았으니 어찌 서성이 아닌가."하였다. 이지함이 또 뭇 명사(名士)들에게 말하기를, "지금의 시사(時事)는 사람의 원기가 이미 패한 것 같아서 손을 대어 구제할 길이 없다. 다만 한 가지 기이한 계책이 있으니 위망(危亡)한 형세를 구할 수 있을 것이다."하였다. 좌객(座客)이 그 기이한 방책을 물으니 이지함이 말하기를, "지금 세상에서 이 계책을 쓰지 않을 것이니 어찌 말하리오."하였다. 그리고는 굳이 아끼며 말하지 않았다. 좌객이 간절히 물으니, 얼마 있다가 이지함이 말하기를, "지금은 숙헌(叔獻 이이의 자)을 조정에 머물게 해두면 크게 일을 하지는 못할지언정 반드시 위망의 지경에는 이르지 않을 것이니, 이것이 기책(奇策)이다. 이것 이외에 다시 무슨 계책이 있겠는가. 초한(楚漢)이 서로 싸울 때 한신(韓信)을 얻은 것이 기책이요, 관중(關中)을 처음 평정하고는 소하(蕭何)에게 맡겨둔 것이 기책이다. 소하·한신을 얻은 뒤에는 다른 계책을 다시 할 필요가 있겠는가."하였다. 좌석이 모두 웃었다. 이지함의 말이 비록 해학(諧謔)이 있으나 식자는 매우 적당한 말이라 생각하였다.[35]

(d) 이지함(李之菡)이, "군이 어찌 차마 퇴거(退去)할 것인가."하고 이이를 책망하였다. 이이가, "내가 잘못하는가?"말하니, 이지함이 말하기를, "비유하면 부모의 병이 극히 위중하여 죽음이 조석에 달렸는데 자식된 사람이 약을 드리면 병든 어버이가 극히 노하여 그 약을 먹지 않고 혹 사발을 땅에 던지거나 자식의 얼굴에 던져서 코와 눈이 상한다면 자식된 사람이 물러갈 것인가, 울면서 간절히 권하여 노할수록 더욱 더 권할 것인가? 이것으로 군의 시비를 알 것이다."하였다. 이이가 말하기를, "비유는 간절하오.

---

35 『石潭日記』卷下,「萬曆六年戊寅」.

그러나 군신과 부자는 서로 다르지 않을까요? 만일 존장(尊丈)의 말씀 같으면 인신(人臣)이 어찌 물러갈 의리가 있겠소." 했다.[36]

(a), (b)의 내용은 토정과 율곡의 평소의 관계를 나타낸다. 20살 남짓 어린 율곡이 토정에게 성리학에 집중하는 것이 어떻겠냐는 견해나, 황강 김계휘가 토정에 대한 평가를 요청한 질문에 율곡은 기이한 꽃이나 풀, 그리고 진귀한 새나 이상스러운 돌이라고 규정한 것 등은 두 사람 사이의 교분이 매우 두터웠음을 보여준다. 이와 더불어 토정의 자유분방한 성격을 율곡이 인정하고 받아들이고 있음도 알 수 있다.

(c), (d)의 내용은 율곡의 낙향과 관련하여 토정의 시사에 대한 관심을 보여준다. 특히 (d)의 경우는 율곡이 을사위훈의 삭훈 조치가 시행된 이후 선조의 변화를 기대하였는데, 이에 실망한 과정에서 김효원과 심의겸 사이의 갈등이 부각되고 시사에 대한 기대를 할 수 없게 되면서 대사간을 사직하고 낙향했던 선조 11년(1578)이었다.[37] 토정의 만류에도 불구하고 율곡은 낙향을 강행하게 되었고 실제로 정국은 동인과 서인간의 조정이 아닌 상호 갈등으로 전개되었다는 점에서 토정의 정국인식은 적절했다고 평가할 수 있다. 이러한

---

36 『石潭日記』卷下, 「萬曆六年戊寅」.

37 당시의 정국에 대해서는 김돈, 「宣祖代 沈義謙·金孝元 갈등 요인 檢討」, 『역사교육』79, 역사교육연구회, 2001, 27~56쪽. ; 이정철, 「선조대 '동서분당' 전개의 초기 양상-이이를 중심으로-」, 『민족문화』43, 한국고전번역원, 2014, 259~300쪽. ; 김경래, 「명종대 말~선조대 초반의 정국과 沈義謙」, 『조선시대사학보』82, 조선시대사학회, 2017, 69~103쪽 참조.

　사실들은 토정이 단순히 처사·은일로서 국정에 전혀 무관한 관점을
가졌다기보다는 율곡과의 관계를 미루어 볼 때, 상당히 현실지향적
인 인물이었다는 사실도 단적으로 알 수 있다.

　율곡과 함께 우계 성혼과도 교류가 확인된다. 토정은 우계의 서
실에 방문하여 병중에도 학업을 멈추지 않는 우계를 지적하며 "공은
독서에 탐닉하여 병을 키웠으니, 책과 여색이 비록 청탁(淸濁)의 다
름이 있으나 생명을 해치고 본성을 손상시키는 점에 있어서는 똑같
다. 그러니 오늘날 경서(經書)와 자서(子書) 등 성현의 글은 또한 공
에게 나쁜 물건이다."라고 지적할 정도로 우계의 건강을 걱정하기
도 하였다.[38] 이는 토정이 우계에 대한 염려와 더불어 직접 문병을
갈 정도로 밀접한 관계였음을 보여준다.

　송강과의 관계는 특정한 사례가 남아있지는 않지만, 김수항이 작
성한 송강의 시장(諡狀)에 퇴계, 하서, 토정이 송강을 긍정적으로 평
가한 기록을 통해 토정과의 관련성이 확인된다.[39] 또한 앞에서 순천
으로 제봉을 찾아갔을 때 송강과 관련된 곳을 직접 유람하였다는
기록이나 중봉이 평소에 토정이 송강의 곧은 성품을 칭찬하였다는
내용으로 보아 지속적인 교류가 있었음을 짐작해 볼 수 있다.

　율곡, 우계, 송강과의 관련 속에서 직접적인 언급은 확인되지 않
지만 관련성이 높았을 것으로 추정되는 인물이 있다. 바로 구봉(龜
峯) 송익필(宋翼弼)이다. 구봉은 학문적으로 율곡과 우계에 필적할

---

38 『牛溪年譜補遺』 권1, 德行.
39 『文谷先生文集』 卷21, 行狀, 「左議政松江鄭公請諡行狀」

만한 인물이며, 세 인물을 모아 『삼현수간(三賢手簡)』이란 형태로 율
곡학파에서 보존되어 왔다는 점에서 두 인물과 친분이 높은 구봉도
자연스럽게 토정과 교유관계를 맺었을 가능성이 높다.[40] 이러한 점
은 토정이 남긴 시문 중에도 확인되는데, 『토정선생유고』에 수록된
구봉에 대한 차운시는 다음과 같다.

접때 처음으로 운장을 만난 것이　　　　　　曩遇雲長初
그야말로 나에게 다행이라오　　　　　　　實爲芸所幸
저 깊은 옛 것을 긷고자 하여　　　　　　　有意於汲古
군에게서 두레박줄을 빌렸다네　　　　　　從君借脩綆
천지의 이치는 방촌 안에 있으니　　　　　玄黃方寸間
공맹의 도는 진실로 멀지 않다오　　　　　鄒魯亶不迥
나는야 줄과 대패를 잡을 터이니　　　　　鑢錫我須執
그대는 모래와 돌로 갈아 주시게　　　　　沙石子須磨
사정이 혹여 일어날진댄　　　　　　　　　私情如或起
가까이 있는 도가 도로 멀어진다오　　　　在邇還在遐[41]

　시의 내용으로 미루어 보면, 구봉을 만남에 있어 기뻐하는 감정
이 표현되고 있다. 시기가 특정되지는 않았지만, 송익필을 만나 토
정이 가진 호의적인 모습을 엿볼 수 있다. 결과적으로 율곡, 우계,

40 이선경, 「16세기 기호(畿湖) 성리설 성립기 학자들의 교유와 학문 – 『삼현수간
　　(三賢手簡)』을 중심으로」, 『공자학』 34, 한국공자학회, 2018, 165~204쪽.
41 『土亭先生遺稿』卷上, 詩, 「次宋雲長翼弼韻」. ; 『龜峯先生集』卷10, 附錄, 「次宋
　　雲長韻(土亭李之咸)」.

송강, 구봉에 이르는 인물들과의 밀접한 관련을 토대로 보면 당시의
신진사류에 해당되는 인물들과는 밀접한 관련을 맺고 있었음을 알
수 있다. 이후 서원 건립이나 문집 편찬 등 토정과 관련한 다양한
현창활동에서 송시열을 비롯한 율곡학파계열의 참여가 두드러지는
것 또한 이러한 관계에서 이해할 수 있음을 보여준다.

이상의 인물이 토정이 종유를 지속적으로 유지했다면 이외에도
토정과 만남을 지속했던 사례들은 다수 확인된다. 이를 정리하면 아
래와 같다.

<표 3> 토정이 교유한 주요 인물들

인물	주요 내용
성제원(成悌元)	공이 일찍이 초정(草亭)에 거하는데 이지함(李之菡)이 찾아와서 함께 신한림(申翰林)의 준미정(遵美亭)에 갔다. 신이 조촐한 술자리를 마련하였는데 마침 노래를 잘 부르는 한 남자가 있어 노래를 부르게 하자 한 곡이 채 끝나기도 전에 공이 갑자기 그치게 하고 그 사람을 집으로 돌려보냈다. 좌중이 그 까닭을 몰랐는데 공이 말하기를, "소리가 매우 슬프니 상사가 있을 듯하므로 함께 즐길 수 없기 때문이다." 하더니, 얼마 후에 들으니 그 사람의 어머니가 먼 곳에 있는데 그날 저녁에 부고가 왔다 하였다.[42]
정두(鄭斗)	동산옹(東山翁)은 태학(太學) 상사생(上舍生)인 정두(鄭斗)로 본관은 진주(晉州)이고, 진주의 동산에 살았기 때문에 후인들이 동산옹이라고 불렀다. 성품이 매우 효성스러우며 은둔하여 세상에 자신을 알리려 하지 않았다. 평소 잘못을 숨기고 명예를 구하는 것을 수치로 여겼으며 사람들과 교유하고 세속을 잘 따랐으므로 기이하게 생각하는 사람이 아무도 없었다. 토정공(土亭公 이지함(李之菡))이 남쪽 지방을 유람하다가 은사(隱士) 남명(南冥)을 만나 보고 또다시 동산옹을 만나 보았는데, "고매한 선비로구나. 강우(江右)에는 이 사람 하나뿐이다."라고 하였다.[43]

이남(李楠)	이남은 청주(淸州) 사람이며 서고청(徐孤靑)의 제자이다. 또 토정(土亭) 이지함(李之菡)과도 친분이 두터웠다. 몸을 고결하게 지니고 홀로 행하면서 이름을 감추고 은둔해서 산 자이다.[44]
이항복(李恒福)·한준겸(韓浚謙)	병자년(1576, 선조 9) 겨울에 익지(益之, 한준겸)와 함께 사마초시(司馬初試)에 합격하고 처가(妻家)의 강사(江舍)로 나가서 글을 읽고 지으면서 회시(會試)에 응할 준비를 하고 있었다. 그런데 이때 이토정(李土亭) 옹이 마침 마포(麻浦)에 와서 겨울을 나고 있었으므로, 내가 익지와 함께 조석(朝夕)으로 그곳을 왕래하면서 학문을 강론하였다.[45]
김장생(金長生)	토정(土亭) 이공(李公) -지함(之菡)- 을 보령(保寧)으로 찾아가서 만나 보았다. 그 당시에 토정은 곤궁한 백성들의 생업을 영위하게 해 주기 위하여 바닷가에서 소금을 굽고 있었는데, 그을음이 얼굴에 잔뜩 묻어 다른 사람들은 그곳에 오래 머물러 있지 못하였다. 그런데도 선생은 조금도 얼굴빛을 바꾸지 않은 채 종일토록 담소하다가 돌아왔다. 그러자 토정이 눈으로 전송하면서 말하기를, '참으로 덕스러운 사람이다.' 하였다고 한다.[46]
海上漁人	이지함(李之菡)이 일찍이 말하기를 "내가 방외(方外)에 노닐면서 일찍이 일사(逸士) 세 사람을 만났는데, 그중에 최상인 이는 바닷가 어부[流寓]이고, …(중략)… 어부는 항상 바닷가에 살면서 배를 부리며 고기 잡는 것을 업으로 삼았는데, 사는 곳도 일정하지 않았고 성명도 말해 주지 않았다. 처음 서천(舒川)의 바닷가에서 만났는데 아내와 딸 하나를 데리고 있었다. 큰 배를 부리지 않고 다만 중간 배를 썼으며, 고기 잡는 여가에 간혹 곡식을 운반해 주고 삯을 받아서 그것으로 생활을 하였다. 그런데 그 배는 300섬을 실을 수 있는데도 200섬만 차면 즉시 중지하여 운반비의 많고 적음은 개의하지 않았다. 그가 한번은 나를 데리고 멀리 고기잡이를 나갔는데, 조그마한 배를 타고 돛이 향하는 대로 가다 보니 마치 하늘 밖으로 나간 듯하여 다른 뭇 고기잡이들이 갈 수 있는 곳이 아니었다. 그가 키를 잡고 배를 운행하는 솜씨도 모두 신묘한 경지에 들었고 천문(天文)을 알아 조금도 어긋남이 없었다. 한번은 그가 외출했을 때 그의 아내는 우연히 이웃집에 가고 딸만 집에 있었다. 어떤 사람이 고기를 사러 왔는데 그 딸이 값을 조금 많이 받았다. 그의 아내가 돌아와 놀라면서 말하기를 '이 고기는 값이 얼마인데 네가 더 받았으니, 네 아버지가 들으면 반드시 화내실 것이다.' 하

고는 급히 그 사람을 뒤따라가서 그 값을 감해 주고 돌아오게 하였으니, 여기에서 또한 그 일단(一端)을 볼 수 있겠다. 그 후 10년 뒤에 다시 전라도 바닷가에서 만났는데, 아, 애석하게도 그 사람의 이름을 알아내지 못하였다." 하였다.[47]

〈표 3〉은 단편적이지만 토정이 종유한 인물들의 주요 특징을 파악하는 데 유용하다. 우선 성제원과 정두는 스승에 해당되는 대곡과 남명을 만나는 과정에서 접한 인물들이다. 두 인물 모두 자신이 존경하는 일사(逸士)와 관련이 있으면서 토정 스스로 그들의 사람됨을 높이 평가하면서 관계를 형성하였음을 보여준다. 이남의 사례는 문인들과의 관계 속에서 형성된 종유 인물이기도 하다.

이항복과 한준겸은 토정의 명성을 듣고 직접 찾아온 사례에 해당된다. 이들은 토정과 사승관계를 형성하지는 않았지만, 일정 부분 토정에게 가르침을 받고자 찾아온 인물들이다. 특히 주목되는 것은 바로 한양에서의 만남이다. 토정(土亭)이란 호 자체가 마포 인근에 흙으로 집을 지으면서 생긴 자호이다.[48] 마포는 한양의 남쪽에 위치

---

42 『魯西遺稿』卷15, 雜著○日記,「丁酉 四月」.

43 『記言』卷11,「淸士列傳」.

44 『記言』別集 卷26, 遺事,「李楠事」.

45 『土亭先生遺稿』卷下, 記,「遺事」出白沙李相國所記. ;『白沙先生別集』卷4, 雜記,「土亭言逸士三人」.

46 『沙溪先生全書』卷43, 附錄,「年譜」.

47 『白沙先生別集』卷4, 雜記,「土亭言逸士三人」. ;『東國輿地志』卷3, 忠淸道.

48 『宣祖修正實錄』卷12, 11년 7월 庚戌. ;『屛山集』卷11, 諡狀,「土亭李公諡狀」, "先生諱之菡字馨仲 自號土亭 以所居屋築土爲亭也". ;『南溪正集』卷第83, 傳,「西湖三高士傳(戊申元日)」, "已聞漢城西湖 有所謂土亭者 或曰亭故濱漢爲潘瀦

한 교통의 중심지로서 많은 이들이 오고가는 지역이었다.[49] 토정은 마포에 기거하며 한양을 오고가는 이들을 만나면서 시사에 대한 내용이나 학문에 대한 토론을 지속하였을 것으로 추정된다.

김장생은 이항복과 한준겸에 비해 한층 더 적극적인 경우이다. 보령으로 직접 찾아가서 종일 담소를 나누고 돌아갔다. 김장생이 당시 약관(弱冠)에 일어난 일이라고 기록한 것을 보면, 어린 나이에도 불구하고 토정의 명성을 듣고 가르침을 받고자 찾아갔던 것으로 여겨진다. 이러한 사례는 아주 많지는 않겠지만, 일부 인물들의 보령 방문이 있었을 것이라는 짐작을 가능하게 한다.

유우(流寓) 바닷가 어부의 사례는 토정의 교유 관계의 극적이면서도 자유분방함을 보여준다. 서천(舒川) 바닷가의 어부라는 정보 이외에는 특별한 내용을 확인할 수 없지만, 토정은 그의 신분보다는 행실을 토대로 일사(逸士)로 평가하였다. 이러한 그의 시각은 이후 문인(門人)들의 신분적 다양성하고도 연결되며, 이러한 점은 화담학파 문인들의 다양한 분포와도 유사하다.[50]

종유관계로 규정하기는 어렵지만, 일반 백성들을 살피고 돌보는 일을 지속하면서 맺어진 인연도 있다. 이는 다음의 자료를 통해 확

當明宣之際 處士李之菡馨仲者戱聚群童 投石累土以成而因家之 余甞登其上 俯仰遺蹟 蓋如其說云" 토정의 집은 현재 마포구 토정동 마포주차장 부근(서울 마포구 토정동 3-1)으로 추정되고 있다.

49 최완기, 「龍山, 麻浦의 流通基地」, 『朝鮮時代 서울의 經濟生活』, 서울시립대학교 서울학연구소, 1994, 104~140쪽.

50 이동인, 「16세기 화담 서경덕과 개성문인의 사회적 조건」, 『조선시대사학보』 103, 조선시대사학회, 2022, 217~254쪽.

인된다.

　　선생은 유민이 헤진 옷을 입은 채 걸식하는 것을 애달파하여 이를 위
해 큰 집을 지어 놓고서 이들을 여기에 머무르게 하고 그들에게 수업(手
業)을 가르쳐 주었는데, 사농공상을 가리거나 따질 것 없이 모두 다 친
절하게 가르쳐 주어서 각각 그 의식을 해결하였다.[51]

　　주지하다시피 아산현감 재직 과정에서 토정의 구휼활동은 지방
관으로서의 책무라고 한다면,[52] 자신 스스로 유랑민에게 주거지를
제공하고 이들에게 자립할 수 있는 기술을 전수해준다는 점은 토정
이 가진 실천적인 지향점을 잘 드러내주고 있다. 어떤 부류는 단기
간 머물다 떠나기도 했을 것이지만, 또 다른 부류는 토정을 기억하
고 지속적인 만남을 이어갔을 것으로 여겨진다. 이러한 점은 토정
에 대한 종유 관계가 신분고하를 막론하고 폭넓게 이어졌음을 보여
준다.

51　『土亭先生遺稿』卷下, 記, 「遺事」 出或人記事.

52　방기철, 「이지함(李之菡)의 빈민구제활동과 걸인청(乞人廳)」, 『한국사상과 문
화』 92, 한국사상문화학회, 2018, 93~115쪽. ; 유춘동, 「토정(土亭) 이지함 관
련 자료로 본 걸인청(乞人廳)의 복원문제」, 『한국사상과 문화』 94, 한국사상문
화학회, 2018, 135~154쪽.

4. 문인(門人), 제자들의 특징과 행적

문인(門人)은 토정에게서 학문을 사사받은 인물들을 의미한다.
『토정선생유고』서문에서 나타난 바와 같이 해당 인물들은 이산보,
조헌, 서치무, 박춘무, 서기 등이 있다. 본 장에서는 해당 인물을
토대로 제자들의 특징과 그들의 행적을 살펴보도록 한다.

가장 먼저 범주화할 인물들은 한산이씨 가문 내부이다. 이산보
(李山甫), 이산해(李山海), 이경전(李慶全) 등이 있다. 이산보는 10세
부터 토정에게 학문을 배우기 시작하여 경서와 사서를 외우고 대의
(大義)를 통하였다고 하여 초기 그의 사상적 영향에 토정이 놓여있
음을 알 수 있다.[53] 조헌은 이산보의 충성스럽고 신의를 지킨 행실은
바로 토정의 가르침 때문이었음을 언급하는 것으로 보아 토정의 가
르침을 주요하게 실천한 대표적인 인물로 평가할 수 있다.[54] 이산보
는 이후 토정의 가르침에 따른 관직생활을 영유하였다.[55] 이산해는
이산보와 사촌 관계로서 한산이씨 가문을 대표하는 관료형 학자이
다. 이산보와 마찬가지로 유년기부터 토정에게 가르침을 받았다. 5
세에 토정이 태극도(太極圖)에 관해 가르치니 바로 천지와 음양의 이
치를 가지고 논설하였다는 기록은 이산해의 뛰어난 식견을 보여준

---

53 『守夢集』卷2 行狀, 「忠勤貞亮效節協策扈聖功臣大匡輔國崇祿大夫議政府領議政
  兼領經筵弘文館藝文館春秋館觀象監事世子師韓興府院君資憲大夫吏曹判書兼世
  子左賓客知春秋館事李公行狀」.

54 『土亭先生遺稿』卷下, 記, 「遺事」出重峯疏.

55 임선빈, 「조선 선조대 이산보의 관직생활」, 『淸溪史學』23, 청계사학회, 2021,
  87~133쪽.

다.[56] 토정에게 전수받은 가르침은 이산보와 마찬가지로 자신의 학문과 현실대응에 일정한 영향을 끼쳤다.[57] 이경전은 이산해의 아들로 부친과 마찬가지로 5, 6세부터 토정에게 배웠다. 이름의 전(全)자를 명명할 정도로 토정이 깊은 관심을 보이기도 했으며, 수학 과정에서 시문의 명석함을 보였다.[58] 이러한 점들로 미루어보아 성암으로부터 전수받은 가학의 전통을 토정은 자신의 아래항렬에게 교육함으로써 전승했으며, 토정은 가학의 전통을 전승하는 역할을 부여받은 것으로 이해할 수 있다.

이상의 인물들은 가문 내부의 사승관계라고 한다면 보다 본질적인 학문의 전승은 직접 토정을 찾아와 가르침을 받은 인물들이다. 이 중에서 가장 대표적인 인물이 중봉(重峯) 조헌(趙憲)이다. 조헌은 스스로 자신의 스승을 토정, 율곡, 그리고 우계로 규정했다.[59] 본래 토정을 가장 먼저 찾아와 스승으로 섬겼으며 이후 토정의 추천으로 율곡과 우계를 스승으로 섬겼다. 토정과 중봉의 관계는 다음의 내용에서 구체적으로 확인할 수 있다.

조헌은 선생께서 한 갯마을에 한가롭게 사시며 벼슬을 하지 않는다

---

56 『鵝溪李相國年譜』嘉正 25年 癸卯.

57 신병주, 「관료학자 李山海의 학문과 현실대응」, 『한국문화』49, 서울대학교 규장각한국학연구원, 2010, 175~202쪽.

58 『樊巖先生文集』卷48, 神道碑, 「崇祿大夫行議政府左參贊兼判義禁府事知經筵事弘文館提學韓平君李公神道碑銘」.

59 『土亭先生遺稿』卷下, 記, 「遺事」出重峯疏. "重峯趙先生曰 臣所師事者三人 李之菡李珥成渾也 右三人者 學問所就 雖各不同 其淸心寡欲 至行範世則同".

는 소문을 듣고 바로 찾아가서 속수의 예를 갖춘 다음 학문을 한번 시험
해 보더니 깜짝 놀라면서 이렇게 말했다. "그대의 너그럽고 어진 마음
씨와 됨됨이를 보니 내가 가르칠 만한 사람이 이미 아니다. 내 주변에
이숙헌, 성호원, 송운장 등 셋이 있는데, 이 사람들은 다 학문도 높고
행실도 훌륭하여 세상의 모범생이다. 또 내 조카 이산보나 내 제자 서기
도 충성스럽고 믿음직한 정성이 하늘을 꿰뚫을 만한 인물이다. 그대가
이 다섯 사람을 스승이나 친구로 삼을 경우, 성현의 경지에 이르지 못하
면 어쩌나 하는 걱정 하나는 덜 수 있을 것이다." 중봉은 그 후 이이와
성혼을 스승으로 섬기고, 송익필과 서기에게는 반드시 절을 하고 모셨
다. 그리고 이산보와는 매우 두터운 우정을 맺었다. …(중략)… 중봉이
통진 현감으로 부임하였다. 선생께서 배를 타고 찾아 오셔서 민심의 모
질고 사나움에 대하여 말씀하신 다음 며칠 동안 조용히 쉬시다가 돌아
갔다. 중봉이 부평으로 귀양갔다. 귀양살이 도중 부친 판서공의 상을
당하자 선생은 중봉을 찾아 가서 조문을 하였다.[60]

위에서 나타난 바와 같이 중봉은 토정의 명성을 듣고 직접 찾아
와 속수의 예 즉 사제 간의 예를 갖추어 학업을 전수받았다. 이와
함께 율곡, 성혼, 구봉 등과도 사제관계를 맺을 수 있도록 하였다.
중봉이 통진현감을 부임할 당시에는 직접 방문하여 지방관으로서의
통치방향을 조언했으며, 귀양 기간에 부친상에는 직접 조문을 할 정
도로 밀접한 관계였다.

중봉에 대해서 부정적 평가가 반복됨에도 불구하고 토정은 재야
의 지식인 중에서 가장 뛰어난 인물로 평가하기도 했다.

---

60 『土亭先生遺稿』卷下, 記, 「遺事」出重峯子完堵所記.

중봉 조헌 선생은 고금의 역사에 널리 통하고 성격이 명쾌하여 결단을 잘 내렸다. 또 타고난 성품이 워낙 꾸밈이 없고 순박한 데다, 사람됨이 듬직하고 원만하여 겉치레하기를 싫어하였다. 그러므로 세상에서는 알아주는 이가 없었고, 더러 있다고 하더라도 대개는 중봉 선생이 절개를 지키고 의리를 위해 죽을 만한 인물이란 점만 인정해 주었을 뿐이다. …(중략)… 여러 원로 선생들의 생각도 모두가 그와 비슷한 형편이었는데, 오로지 토정 선생 한 분만은 중봉을 알아주었다. 토정은 중봉이 스승으로 높이고 섬기는 어른이었다. 한번은 토정 선생이 사람들과 대화를 나누는 자리에서, 토정선생에게 누군가가 이런 질문을 올린 적이 있다. "지금 세상에 초야에도 인재가 있을까요?" 토정 선생은 이렇게 대답하였다. "모르겠다. 하지만 비슷한 무리 중에 조여식(趙汝式)이란 사람이 있는데, 이 사람은 가난하게 살면서도 편안한 마음으로 분수를 지키고 또 이름이나 이익을 초탈한 사람이다. 그러면서도 임금을 사랑하고 나라 일을 걱정하는 마음은 더없이 극진한 정성에서 나오고 있다. 이 사람과 견줄 만한 사람은 옛날 사람들 속에서도 찾아봐도 드물다. 내가 보기에는 이 사람 하나가 쓸만한 인재다. 다른 사람은 모르겠다."[61]

이러한 점들은 중봉에 대한 토정의 신뢰를 잘 보여준다. 초야의 지식인 중에서 중봉만을 유일한 인재로 규정한 점은 개인적인 사승관계를 떠나 중봉의 인물됨에 대한 토정 자신의 신뢰를 잘 보여준다.

중봉 또한 관작 추증과 시호를 내릴 것을 청하기도 하는 등 스승인 토정에 대한 각별한 관심을 나타내준다.[62] 특히 토정 사후 보령 인근을 지나면서 쓴 두 편의 시는 토정에 대한 그리움을 잘 드러내

---

61 『土亭先生遺稿』 卷下, 記, 「遺事」 出安邦俊所記.
62 『土亭先生遺稿』 卷下, 記, 「遺事」 出重峯疏.

주고 있다.

안면도에서 서녘을 바라보니 겹겹이 산   安眠西望隔重丘
문득 선생 생각에 눈물 짓는다   却憶先生雙涕流
이것은 분병 안씨의 사필이건만   自是分明安史筆
어이하여 오래도록 원수를 삼는가   如何千古作爲讐
               – 안면도를 지나며 토정 선생을 생각하다[63]

큰어른 모시고 먼 길 다닐 때   碩人千里昔同遊
사는 날까지 조심하라던 말씀   期我終身少過尤
오늘 다시 왔지만 만날 수조차 없다   今日重來思不見
가련하구나, 뉘라서 제민의 계책을 올릴는지   可憐誰進濟民謀
               – 보령 가는 길에 토정 선생을 생각하다[64]

　토정에 대한 개인적인 존경과 감회뿐만 아니라 경세관을 포함하여 중봉의 사상은 토정과 일정한 관련성을 가졌을 것으로 추정된다.[65] 현실에 바로 필요한 내용을 변화하여야 한다는 경세관은 토정

---

63 『土亭先生遺稿』卷下, 附錄, 「過安眠島憶土亭先生」.

64 『土亭先生遺稿』卷下, 附錄, 「保寧途中憶土亭先生」.

65 주용성, 「栗谷 李珥와 重峯 趙憲의 改革論 比較-『萬言封事』와 『東還封事』를 중심으로」, 『간재학논총』 13, 간재학회, 2012, 249~272쪽. ; 이상익, 「「동환봉사(東還封事)」를 통해 본 중봉조헌(重峯趙憲)의 개혁사상(改革思想)」, 『동양문화연구』 10, 영산대학교 동양문화연구원, 2012, 137~166쪽. ; 김문준, 「중봉(重峯) 조헌(趙憲)의 경세론(經世論)-만언소(萬言疏)를 중심으로-」, 『한국철학논집』 62, 한국철학사연구회, 2019, 155~180쪽. ; 김문준, 「율곡학과 경세론의 도학적 경세정신」, 『율곡학연구』 43, 율곡학회, 2020, 39~75쪽.

이 지향했던 방식과의 연관성에서 살펴볼 필요가 있다.

다음으로 해광(海狂) 송제민(宋濟民)이 있다. 그는 홍주(洪州) 사람으로 토정의 문하에서 수학하였다.[66] 그는 토정에게 배우고자 인근에 서당을 세우고 벗들을 모아 독서하는 열성을 보이기도 했으며,[67] 낙서법(洛書法) 등을 배우기도 했다.[68] 송제민이 어떤 내용을 토정에게 배웠는가에 대해서는 구체적인 내용을 확인할 수는 없지만, 그의 행적을 토대로 토정과의 관련성을 유추해 볼 수 있다. 토정과 동일하게 해광은 의국(醫局) 등의 구휼활동에 적극적으로 참여하였으며, 토정의 구휼활동과 맞닿아 있었다.[69] 이러한 점들은 단순히 사족으로서 구휼활동에 참여하였다는 의미 이상으로 스승인 토정의 경세에 대한 관점을 본받고 이를 자기 스스로 실천하려는 것임을 유추해 볼 수 있다.[70]

중봉과 해광의 공통점 중의 하나는 두 인물 모두 임진왜란 당시

---

66 『夢梧集』 卷4, 序, 「海狂集序」.

67 『牛溪年譜補遺』 卷1, 「答問」.

68 『海狂先生集』 下, 「遺事」. ; 『南溪正集』 卷第38, 傳, 「處士海狂宋公傳(辛酉十一月一日)」.

69 토정과 더불어 토정의 제자들은 주역이나 의학 등 실용학문에 관심이 컸으며 실천에도 앞장섰다. 토정은 아산현감 당시 걸인청을 만들고 어염 무역으로 수천 석의 곡식을 마련하여 빈민구제에 앞장섰다. 이러한 토정의 실천적 경향이 송제민에게도 영향을 끼쳤을 것으로 보인다(김호, 「환난상휼의 실천, 16·17세기 향촌 사족들의 지방 의국(醫局) 운영」, 『역사와 현실』 127, 한국역사연구회, 2023, 71~76쪽).

70 『南溪正集』 卷第38, 傳, 「處士海狂宋公傳(辛酉十一月一日)」, "論曰 世稱土亭公志在濟世 嘗願爲都薦師而不得云 至石潭李先生以奇花異草擬之 則又自謂我豈不得爲橡栗耶 其言愈謙而意愈切 今觀公自處以敵間 其所得於土亭者深矣"

에 의병으로 참전했다는 사실이다. 중봉은 의병활동 과정에서 금산
전투에서 사망하였고,[71] 해광은 김천일(金千鎰)의 막하에서 전라도
의병 조사관으로 활약하다가 이듬해 다시 외종인 김덕령(金德齡)의
의병군에 가담하였다.[72] 토정의 제자들이 임란의 의병으로 활동했
다는 사실은 토정의 가르침의 일부가 이들이 실천적 지식인으로서
성장하는 데 일정한 영향을 주었을 것이라는 추론을 가능하게 한다.
특히 경(敬)에 관한 강조와 토정 스스로 보였던 다양한 실천적 행위
들은 이후 국난극복의 과정에서 제자들의 의병 참여에 사상적 토대
가 되었을 것으로 여겨진다.

중봉과 해광의 경우는 신분적으로 사족에 속한다고 한다면, 토정
의 제자 중 일부는 천인(賤人)에 속한 경우도 확인된다. 물론 이들은
대체로 천인에서 면천되는 과정에서 토정과 관계를 맺었다. 이는 다
음의 세 인물을 통해 확인된다.

<표 4> 천인 출신 토정의 문인들

인물	주요 내용
서치무(徐致武)	- 그 사람은 은둔생활을 즐기고 누리며 혼자 살았다. 학식은 겨우 글자나 알아 볼 정도인데, 어떤 사람에게 『청구풍아』라는 책을 한 권

---

71 김진봉, 「壬辰亂中 湖西地方의 義兵活動과 地方士民의 動態에 관한 硏究-趙憲
의 義兵活動을 中心으로-」, 『사학연구』 34, 한국사학회, 1982, 25~43쪽. ; 리
기용, 「중봉 조헌의 개혁사상과 의병활동에 관한 고찰」, 『한국사상과 문화』 15,
한국사상문화학회, 2002, 219~249쪽.
72 김덕진, 「海狂 宋濟民의 학문성향과 의병활동」, 『역사학연구』 44, 호남사학회,
2011, 105~132쪽.

받아가지고 나를 찾아와서 배우기를 청하였다. 내가 그 책을 가르쳐 줬더니 종일토록 읽기를 게을리하지 않았다. 또 공부하는 틈틈이 물을 긷거나 땔나무를 해 와서 살림살이를 도와주곤 했다. 나는 만류했다. 그러나 그는 '그 사람이 저에게 책을 준 것은 제가 읽어주기를 바랐기 때문일 것입니다. 제가 혹 읽지 않을 셈이었다면 애시당초 받지 말았어야 했을 것입니다. 이왕에 책을 받은 이상 헛되이 버려서는 안 되겠기에 이렇게 부지런히 읽고 있는 것입니다. 그리고 어르신께 학문을 전해 받았으니 어르신과 저 사이에는 사제지간의 의리가 있습니다. 독서하는 여가라도 한가로이 놀아서는 안되므로 스승님 댁의 집안 일을 거들어서 제자된 직분을 다해야 할 것입니다.' 서치무는 나이가 60세에 가까웠으나 내 앞에서 한 1년 학문을 닦는 동안 게을리 하지 않았다.[73]

– 조여식이 홍주인(洪州人) 서치무(徐致武)의 행적을 이야기하였다. 서치무는 본래 사천(私賤)이었으나 천성이 개결(介潔)하여 늠름함이 가을 서리 같아서 일호도 남에게서 취하지 않고 사람됨이 지극히 효성스러웠으므로, …(중략)… 서치무는 자식이 없었는데 그 주인이 극히 사나워서 친히 그 집에 이르러 재산을 빼앗아 싣고 갔으므로 서치무는 돌아갈 곳이 없어 그 아내와 같이 사방으로 걸식할 지경에 이르자 토정(土亭) 이지함(李之菡)이 듣고서 사람을 시켜 이를 불러 가지고 그의 재산을 관리하게 하여 유산(流散)하지 않게 하였다. 대개 서치무는 토정이 아끼는 바가 되어 서로 허여하는 사이가 되었고 일찍이 함께 바다로 나가서 한라산(漢拏山)을 감상한 자였다.[74]

서기(徐起)	– 문장에 썩 능할뿐더러 스스로 평안하고 조용한 생활을 지키므로 그 역시 속인의 부류는 결코 아니다.[75] – 서기는, 자는 대가(待可)이며, 호는 고청초로(孤靑樵老)요, 본관은 이천(利川)인데 뒤에 홍주(洪州)로 옮겼다. 이소재(履素齋) 이중호(李仲虎)의 문인이다. …(중략)… ○ 공은 심충겸(沈忠謙)이 하사받은 종이었다. 충겸이 그가 학문에 힘쓰고 행실이 독실하므로 면하여 놓아주었을 뿐 아니라 부를 때에는 반드시 처사(處士)라고 일컬어 …(중략)… ○공은 백가 중기(百家衆技)에 섭렵하지 않은 것이 없고 선학(禪學)을 더욱 사모하였는데, 20여 세에 이지함(李之菡)을 만나 비로소 유학의 바름을 알고 전에 배운 것을 다 버리고 지함을 좇았다. 지함과 더불어 사방을 두루 유람하여 아무리 멀어도 가지 않은 곳이 없었다. 한라산(漢拏山)에 올라갔다가 돌아오자 지함이 이소재의 문하에 나아가 배우도록 하였다. …(중략)… 공이 드디어 처자를 이끌

	고 지리산(智異山) 홍운동(紅雲洞)으로 들어가 사람의 발자취가 드물게 이르는 곳에 집을 얽고 힘써 밭을 갈아 자급하였으나 조석 끼니조차 오히려 잇지 못하였다. 늦여름과 초가을이 교차될 무렵에는 산배[山梨]를 삶아서 주린 배를 채워가면서도 강학을 쉬지 않았다. 먼 지방의 사람들이 풍문을 듣고 와서 제자의 예(禮)를 행하고 각기 그 옆에 서실을 짓자 이웃 절에 폐가 미침으로 공이 중들에게 원망을 살까 두려워하여 4년 만에 파하고 나와 계룡산(鷄龍山) 고청봉(孤靑峰) 아래 공암동(孔巖洞)에 집을 정하고 살았다.[76]
	- 선생의 휘는 기(起)이고 자는 대가(待可)이며 성은 서씨(徐氏)이니 그 선조는 이천(利川) 사람이었는데 훗날 홍주(洪州)의 상전리(上田里)로 옮겨와 살았다. 선생은 7세부터 책 읽기를 좋아하였고 선학(禪學)을 더욱 좋아하였다. 스무 살에 처음 토정(土亭) 이 선생(李先生) 지함(之菡)을 종유하면서 그의 강설을 듣고는 마음으로 좋아하여 드디어 자신의 학문을 버리고 그를 사사(師事)하였다. 중봉(重峰) 조 선생(趙先生) 헌(憲)과도 서로 친하게 지내었다. 이 선생이 사방을 두루 다니자 선생은 도보로 그를 좇으며 오르지 않은 산이 없었다. 일찍이 바다를 건너 한라산(漢拏山)에 올라 남극(南極)의 별들을 보고 돌아오기도 하였다. …(중략)… 이지함 선생이 일찍이 『주역(周易)』을 끼고 지리산으로 선생을 찾아 온 적이 있었는데 조헌 선생도 따라 오기를 원하여 종일토록 강설을 하고는 선생이 도에 조예가 깊음을 알았다.[77]
김순종(金順從)	- 선생은 한라산에서 오는 길에 …(중략)… 전라 좌수영을 찾아갔다. …(중략)… 절도사는 즉시 대문으로 나와 선생을 맞아들이고 극진히 대접하면서 10여 일 동안 저택에서 쉬어가시게 하였다. 이때 절도사를 모시고 있는 통인(通人)으로 김씨 성을 가진 자가 있었는데 아명이 순종(順從)이었다. 김순종은 용모가 백옥처럼 깨끗한 데다 자질 또한 영특하여 밤낮으로 독서에 힘쓰고 있었다. 선생은 김순종을 사랑하여 관아의 문서에 올라 있는 본역을 삭제시키고 보령으로 데리고 가서 학문을 가르쳤다. 그리고 얼마 안되어서 사마시에 급제하게 되었다. 선생은 문벌이 상당한 집안을 골라서 장가까지 들여주었다. 그리하여 김순종은 결성 땅으로 옮겨 집을 짓고 세 딸을 낳아 기르면서 사대부의 가문이 되었다.[78]

73 『土亭先生遺稿』 卷下, 記, 「遺事」 出自沙李相國所記.

　　세 인물 모두 천인 출신으로서 토정의 제자가 된 경우이다. 서치무와 김순종이 경우는 토정이 직접 면천시켜 주었고, 서기는 심충겸(沈忠謙)에 의해 면천된 것으로 알려져 있다. 이 과정에서 흥미로운 사실은 토정 스스로 이들을 선택한 사례가 존재한다는 점이다. 서치무의 경우는 토정이 그에게 재산을 관리하게 하여 생계를 유지하면서 자연스럽게 사제관계가 형성되었고, 김순종은 토정 스스로 면천시킬 뿐만 아니라 보령으로 데려와서 학업을 전수하고, 이후에는 문벌이 상당한 집안에 혼인까지 시켜주었기 때문이다. 이러한 점에서 토정은 신분 자체에는 큰 의미를 부여하지 않고 한 개인의 기질 혹은 능력에 따라 사람을 평가하였음을 보여준다. 특히 이들을 면천과 같은 행위에 그치지 않고 자신의 제자로까지 허여하였다는 점은 당시 지식인들의 사제관계 형성과는 다른 특징이라고 할 수 있다.

　　천인 출신의 사우 관계 중에서 서기는 면천 후에 토정에게 찾아온 인물이다. 그는 본래 선학(禪學)에 심취해 있었으나, 토정을 만난 이후 정학(正學)에 귀의하였으며, 제주도를 비롯하여 토정이 전국을 유람할 때 수행하기도 하였다.[79] 아울러 토정에게 배우기 위해 토정

74　『荷谷先生朝天記』甲戌年 5월 18일.

75　『土亭先生遺稿』卷下, 記,「遺事」出白沙李相國所記.

76　『燃藜室記述』卷18,「宣祖朝 故事本末」.

77　『江漢集』卷20, 墓表,「孤靑先生墓表」.

78　『土亭先生遺稿』卷下, 記,「遺事」出或人記事.

79　『守夢先生遺稿』卷2, 文,「孤靑居士徐公墓碣銘(幷序)」, "稍長 益力于學 百家衆技之說。無不涉獵 尤慕禪學 年二十餘 始遇土亭李先生 聽其指敎 始知吾道之正 盡棄其學而從之 嘗與土亭周遊四方 無遠不到 至航海適耽羅 登漢拏山 盡南極而還"

의 거처와 30리 정도의 거리에 거주하면서 매일 왕래하기도 하는
등 학업에 열정적인 모습도 확인된다.[80] 이후 토정뿐만 아니라 토정
과 관련된 중봉을 비롯한 문인 내부의 인물들과도 지속적인 교류를
통해 자신의 인간관계를 형성하였으며, 그 과정에서 자신의 독특한
학문체계를 형성하기도 하였다.[81]

　이외에도 단편적인 기록이기는 하지만 토정을 수행했던 박춘무
(朴春茂),[82] 유복흥(柳復興)[83]과 보령의 화암서원 건립을 주도한 구계
우(具繼禹) 등도 토정의 문인으로 확인된다. 이들은 대체로 토정과
의 단편적인 사례에서 확인되는 인물이기는 하지만, 토정과 일정한
사승관계 속에 놓여 있으면서 다양한 활동을 하였을 것이라고 짐작
된다.

　이상과 같이 토정의 문인들은 사족에서부터 천인출신에 이르기

80　『湛軒書』內集 卷1「美上記聞」.

81　서기는 성리학 뿐만 아니라 불교, 도교, 천문, 지리를 비롯한 학문적 다양성에
　　입각한 사상적 특징을 가지는 것으로 평가하고 있다(임선빈, 「孤靑 徐起의 역사적
　　實在와 記憶의 이중주」,『역사민속학』 45, 한국역사민속학회, 2014, 327~358
　　쪽. ; 김창경, 「고청 서기의 학문과 사상」,『유학연구』 46, 충남대학교 유학연구
　　소, 2019. ; 이동인, 「16세기 고청 서기의 학문 계보와 사우관계」,『역사와 현실』
　　115, 한국역사연구회, 2020, 1~24쪽. ; 이동인, 「16세기 서기(徐起)의 학문적
　　다양성」,『한국사상사학』 67, 한국사상사학회, 2021, 279~316쪽). 그의 행적과
　　학문 경향을 통해 볼 때, 성리설과 관련한 이해는 토정의 영향이 절대적이었음을
　　확인할 수 있다.

82　『屛溪先生集』卷55, 墓表, 「倡義使贈右參贊朴公(春茂)墓表」, "公自幼種學績文
　　請益於土亭先生之門". ;『南溪正集』卷第38, 傳, 「處士海狂宋公傳(辛酉十一月
　　一日)」, "以提督趙憲爲左義大將 以禦黃永諸賊 察訪朴春茂爲右義大將 以防錦江
　　諸賊 二公亦皆土亭門人也"

83　『土亭先生遺稿』卷下, 記, 「遺事」出重峯子完堵所記.

까지 그 신분적 범위가 다양한 것을 확인할 수 있다. 문헌상으로 남겨진 인물 이외에도 토정의 문인들은 훨씬 더 그 범위가 넓었을 것으로 짐작된다. 또한 이들은 구휼활동이나 임진왜란 당시에 의병으로 참가하면서 실천적 지식인의 면모가 확인되며, 자신만의 독특한 사상체계를 형성하였다. 이러한 문인들의 특징들은 토정이 가졌던 문제의식이 후대에 발현된 모습으로 이해할 필요가 있다.

5. 맺음말

이상에서 단편적으로나마 토정의 교유관계의 범주와 특징에 대해서 살펴보았다. 16세기라는 시대적 공간에서 토정의 행적을 추적하는 것은 쉽지 않다. 이는 임진왜란으로 인해 토정뿐만 아니라 토정과 관련된 많은 인물들의 기록들이 망실되었다는 점과 함께, 토정의 유문을 수습하기 위해 추진된 『토정선생유고』의 간행이 18세기에 이르러서야 추진되었다는 점을 들 수 있다. 그럼에도 불구하고 토정은 조선시대에 남겨진 많은 기록들을 통해 그 편린이 확인된다. 본 논문은 토정의 행적을 추적하고 그 의미를 파악하는 시론적 시도에 해당된다.

토정의 학문적 스승은 자신의 장형이었던 성암 이지번이었고 이후 화담, 남명, 대곡 등의 당대 처사·유일지사와 교류를 하며 학업을 지속하였다. 화담, 남명, 대곡의 사례에서 알 수 있듯이 토정이

그들을 배우기 위해 일정 기간 체류하기도 하였으나, 명확한 사승관
계 속에 놓여있다기 보다는 특정 견해에 대한 의견을 나누었다는
표현이 적확하리라 본다. 이들은 평균적으로 토정보다는 20살 내외
의 연상이었고, 연장자이자 학문적·실천적 지식인으로서 가지는
존경에 기반한 관계를 유지했던 것으로 여겨진다.

　토정의 교유관계는 유사한 연령에서부터 시작하여 20살 이하의
후진에 이르기까지 다양하다. 1살 차이였던 안명세의 피화는 토정
이 과거를 통한 입신양명을 포기하고 안빈낙도의 삶을 살게 되었던
중요한 요인이었으며, 이후 사승관계를 유지한 인물을 중심으로 형
성된 인물들과, 신진사류의 성장과 활동을 통해 당시의 주요한 인사
였던 율곡, 우계, 송강, 월정, 구봉 등과의 교류를 지속하였음이 확
인된다. 특히 율곡의 경우 동서분당에서 낙향을 선택한 행위를 만류
할 정도로 적극적이었다. 이외에 이항복, 한준겸, 김장생 등 다양한
인물과의 교유가 확인되는데, 대체로 마포와 보령을 중심으로 그 만
남을 유지하였다.

　토정의 문인은 사족부터 천인에 이르기까지 그 신분적 층위가 다
양하다. 중봉 조헌이나 해광 송제민은 사족 출신 문인으로서 토정에
게 수학하였을 뿐만 아니라 관료로서 토정의 실천적 경세관을 수용
하여 구휼활동 등을 전개하였으며, 임진왜란이라는 국난의 상황에
서 의병을 자처하는 등의 태도를 보였다. 천인 출신의 인물들은 서
치무, 서기, 김순종 등인데, 이들은 천인에서 출발했지만 토정이 어
떠한 신분적 제약없이 이들을 제자로 허여하고 이들과 함께 경전
학습과 전국 유람을 병행하였다. 신분에 구애받지 않는 문인의 형성

은 토정이 가지고 있는 현실관을 잘 보여준다.

여기에서는 문헌상 확인 가능한 토정의 교유인물을 파악하고자 노력했으나, 일부 내용에서 미진함이 있을 수 밖에 없다. 본문에서 제시한 인물들 이외에도 더 많은 교유범위가 있었을 것이다. 또한 문인들에게 어떠한 학문의 전승이 이루어졌으며 그 학문의 특징이 무엇인지 밝히는 것은 토정의 사상을 이해하는 데 중요한 분기점이 될 것이라 보인다. 이러한 점들이 해명된다면 조선시대 사상사 이해가 한층 다채로워질 것이다.

토정(土亭) 이지함의
이인(異人) 형상과 생성 배경

전성운

1. 머리말

이지함(李之菡; 1517~1578)은 어떤 사람인가.『조선왕조실록』에
따르면, 그는 세상에 "학행으로 널리 알려[學行著聞]"졌고[1] "탁행의
선비[卓行之士]"로[2] 칭송되었던 인물이다. 이것은 그가 성리학적 가
치를 실천한 사대부였음을 의미한다. 반면 필기나 야사, 야담에서
그는 뭇 설화의 신비한 주인공으로 그려진다. 이인(異人), 기인(奇
人), 신선(神仙)으로 형상화하고 있다. 이런 책을 향유한 사람들은
그를 도선(道仙)의 삶을 지향한 인물로 여겼다.

1　『선조실록』7권, 선조 6년 6월 3일.
2　『선조수정실록』7권, 선조 6년 5월 1일.

여기서 살피려는 것은 바로 이 지점에 존재한다. 한 사람에 대한 인식에, 탁행(卓行)의 선비와 도술을 부리는 신선의 형상이 공존하게 된 까닭을 고찰하려는 것이다. 즉 이지함에 대한 적실한 이해를 위해 그가 이인이나 신선으로 형상화될 수 있던 까닭을 구명(究明)하려는 것이다.

그간 많은 연구자들이 이지함의 이인 형상에 주목하였다. 그 결과 이지함 관련 이인 설화에 대한 연구는 비교적 이른 시기부터 양적으로나 질적으로 상당히 축적되었다.[3] 이들 연구는 대부분 이지함 관련 설화를 수집·정리하는 것이거나, 이인 형상의 양상과 특징에 따라 설화를 분류·기술하고, 이를 기반으로 이지함 관련 설화에 내장된 시대적 의미를 추출하는 것이었다. 예컨대 이지함 관련 홍수

---

3 이지함의 이인 형상과 관련한 기존 연구 성과를 살펴보면 다음과 같다. 김동욱, 「土亭이야기의 문헌 전승 양상」, 『어문학연구』 1, 상명여자대학교 어문학연구소, 1986, 7~62쪽. ; 윤재근, 「토정 이지함 전승 연구(I)」, 『어문논집』 27, 고려대학교 국어국문학연구회, 1987, 301~318쪽. ; 박기룡, 「허생전 인물 형성의 배경 연구-이지함·허호의 생애와 단편설화를 중심으로」, 『대구어문논총』 12, 대구어문학회, 1994, 207~236쪽. ; 최운식, 「토정 이지함 설화 연구」, 『한국민속학』 제33권, 한국민속학회, 2001, 299~333쪽. ; 손지봉·안장리, 「문학 속의 牙山 연구」, 『한국민속학』 제36권, 한국민속학회, 2002, 147~180쪽. ; 최운식, 「충남지역 인물 전설의 전승 양상과 활용방안」, 『한국민속학』 제38권, 한국민속학회, 2003, 495~531쪽. ; 황인덕, 「아전의 흉계로 죽은 토정 전설 연구」, 『충청문화연구』 제3집, 충남대학교 충청문화연구소, 2009, 125~158쪽. ; 황인덕, 「반심을 교화한 토정 전설의 역사의식과 역사 배경」, 『어문연구』 63, 어문연구학회, 2010, 217~244쪽. ; 황인덕, 「이토정의 청주 홍수 예고 전설 고찰」, 『어문연구』 76, 어문연구학회, 2013, 125~148쪽. ; 황인덕, 「토정 이지함의 과욕(寡欲) 사상과 관련 전설 고찰」, 『충청문화연구』 10, 충남대학교 충청문화연구소, 2013, 99~150쪽.

나 해일 설화를 조사·분석하여 그의 예지 능력과 민중의 구원자로
서의 면모를 기술하는 방식이었다. 그렇기에 이런 연구는 이지함 관
련 설화의 정리와 함께, 그 의미를 밝혔다는 점에서 의의를 가진다.
이인으로서 이지함의 면모와 설화의 유전(流轉) 양상을 전면화함으
로써 그 의미를 천명한 것이다.

　그렇지만 이 같은 연구 성과에는 일정한 한계도 있다. 그것은 이
지함 관련 설화 연구가 일정한 수준에 도달한 이후에는 더 이상의
연구 진척이 이루어지기 어렵다는 점이다. 또한 이인 설화 형성의
기저, 즉 그러한 설화가 존재하게 된 배경에 대해서는 충분한 설명
이 가능하지 않다. 현상과 결과에 대한 분석은 있지만, 그러한 현상
이 나타나게 된 까닭이나 배경에 대한 고찰로까지 나가지 못하고
있는 것이다.

　이에 여기서는 이지함 관련 설화의 형성 원인과 그 기저를 살펴
보려 한다.[4] 이를 위해, 먼저 이지함이 이인으로 알려지게 된 인식
의 원인을 고찰하겠다. 그리고 그와 같은 인식의 생성 기저에는 무
엇이 작용했는지 살피겠다. 즉 탁행(卓行)으로 알려진 사대부가 도
술에 능한 이인이나 신선으로 형상화되는 경위와 그런 인식 생성의
기저를 구명하려는 것이다.

4　이와 관련하여 황인덕이 진행한 일련의 연구는 주목할 만하다. 그는 이지함의
　과욕 사상을 주목하고 이와 관련 전설들을 고찰하였다. 이지함의 사상적 측면이
　설화의 형성의 근거가 될 수 있음을 고찰한 것이다. 이런 연구는 방법론적 측면
　에서 여기서 살펴려는 바와 근사(近似)하다. 황인덕, 앞의 논문, 2013 참조.

2. 어긋난 인식과 이인화 양상

1) 이해의 결여와 어긋난 인식

이지함은 그의 명(名)과 자(字)가 의미하듯 '연꽃봉오리'[菡]나 '버금 향기'[馨仲]와 같은 인물일 수도, 호(號)처럼 '흙집'[土亭]이거나 '물이요 산'[水山]을 지향한 인물일 수도 있다. 다만 흥미로운 사실은 그와 관련된 당대 세간의 인식에는 '꽃봉오리처럼 빼어나다'는 점과 흙, 물, 산 등의 하찮고 일상적인 사물의 이미지가 혼재되어 있다는 점이다. 그의 호칭에 이중적 의미가 존재하는 것처럼 그의 인물 특징도 어느 하나로 수렴되지 않고 있다.

이것은 그의 당파적 면모와 관련해서도 그렇다. 그는 동인(東人) 혹은 북인계(北人系)의 학문적 연원이라 할 서경덕(徐敬德; 1489~1546)의 제자였으며, 조식(曺植; 1501~1572)과도 교유했다. 그리고 제자이자 친조카였던 이산해(李山海; 1539~1609)는 동인에서 분파한 북인의 영수였다. 이처럼 그를 학연과 혈연으로 따져보자면, 그는 동인 혹은 북인계 인물이거나 근기 남인(近畿南人)의 비조(鼻祖)로 인식되어야 한다.

그렇지만 실제로는 그렇지 않다. 그의 애제자이자 그를 추숭하는 데 열성적이었던 조헌(趙憲; 1544~1592)은 서인(西人) 강경파였다. 게다가 그의 인품에 대한 구체적이고 다양한 기록이나 〈졸기(卒記)〉가 『선조실록』에는 보이지 않는다. 그러다가 『선조수정실록』에 비로소 등장한다. 그것도 칭송 일색인 내용들이다. 『선조수정실록』이 서인에 의해 이루어졌음을 고려한다면, 그를 서인으로 분류해야 하는 것이 옳지 않은가 싶다. 더구나 그의 문집 서문은 정철(鄭澈; 1536~1593)의 현손이자 노론의 중심인물이었던 정호(鄭澔; 1648~ 1736)가 썼다. 그리고 발문은 송시열(宋時烈; 1607~1689)이 썼다. 게다가 그의 문집에는 그가 이이(李珥; 1536~1584)와 더없이 자별하게 교유를 한 것처럼 각종 기록이 편집되어 있다. 이지함의 혈연관계나 학문적 연원과는 무관하게, 후대의 평가는 그를 서인인 듯 채색하고 있다.

이렇게 당색(黨色) 규정이 불분명한 것은 그가 당파의 분화 이전 인물이기 때문만은 아니다. 오히려 그가 교류한 인물의 범위와 학문적 지향이 다층적이거나, 그의 학문적 경향에 대한 선명한 이해가 결여되었기 때문일 수 있다. 실제로 이지함은 그 학문적 경향과 인물의 실체가 쉽게 파악되지 않았던 인물이었다. 비근한 예로, "더불어 논설을 하면 사람들을 감동시키나 간혹 수수께끼와 같은 농담을 하므로 사람들이 그를 헤아릴 수가 없었다."는[5] 기록이 있다. 일반적인 사람들은 그를 온전하게 이해하지 못 했던 것이다.

이지함에 대한 이해의 결여는 이지함을 가장 잘 알았다고 하는 온건한 도덕적 합리주의자 이이의 평가에서도 보인다.

김계휘가 이이에게 묻기를, "형중(馨仲; 이지함)은 어떤 사람인가? 혹시 제갈량에 비하면 과연 어떠한가?"라고 물었다. 이이가 대답하기를, "토정은 쓰임새 있는 재목이 아니니 어찌 제갈량에 비하겠습니까.

---

5   與之論說 奇發動人 或謎戲不莊 人莫能測. 『선조수정실록』 6년 5월 1일.

물건에 비유하면 기화이초(奇花異草)나 진금괴석(珍禽怪石)이고 포백(布帛)이나 숙속(菽粟)은 아니지요." 하였다. 이지함이 이 말을 듣고 웃으며 말하기를, "내가 비록 숙속은 아니나 또한 도톨밤같은 종류는 될 것이다. 어찌 전혀 쓸 곳이 없겠는가." 하였다. **대개 선생의 성품이 오래 참지 못하고 일 벌이기와 기이한 것을 좋아하며 늘 일 이루기를 좇지 않으므로 이이가 그리 말한 것이다.**[6]

김계휘(金繼輝; 1526~1582)는 이이에게 이지함의 기발함과 뛰어난 재주에 근거하여 그가 제갈량에 비견될 수 있겠는가라고 물었다. 그러자 이이는 "포백(布帛)이나 숙속(菽粟)"과 같이 일용에 쓰임새 있는 재목이 아니니 그를 "어찌 제갈량에 비하겠습니까?"라고 매몰차게 평가 절하한다. 이이가 본 이지함은 기이한 꽃, 신이한 풀, 진귀한 새, 괴상스런 돌과 같은 인물이다. 물론 이런 비유는 다분히 이중적이다. 이들은 진귀한 물상이므로 보고 즐기는 완상물로는 더없는 보배다. 하지만 실용성은 현저히 떨어진다. 이이가 자신보다 한참 선배인 이지함을 두고 이렇게 말한 것은, 뛰어난 재주를 가지고 기이한 일 벌이기를 잘하는 것은 분명하지만 사람들을 위해 뭔가 뚜렷하게 이루어낼 만한 재목은 아님을 지적한 것이다.

그런데 재미있는 것은 이 말을 전해들은 이지함의 대꾸다. 그는 이이의 평가에 크게 화를 내거나 적극적으로 부정하지 않는다. 대신

---

6   金繼輝問珥曰 馨仲何如人 比於諸葛亮何如 珥曰 土亭非適用之材 豈可比於諸葛亮乎 比之於物 則是奇花異草珍禽怪石 非布帛菽粟也 先生聞之 笑曰 我雖非菽粟 亦是橡栗之類 豈是全無用處乎 蓋先生性不耐久 作事且好奇 非循常成事者 故珥語云然.〈석담일기(石潭日記)〉,『토정선생유고(土亭先生遺稿)』권하.

자신이 포백이나 숙속과 같이 일용에 없어서는 안 되는 재목은 못
된다고 해도, 흉년이나 기아에 반드시 찾게 되는 도톨밤 정도는 되
지 않겠냐고 말한다. 자신이 보기만 좋고 진귀하지만 쓸모없는 것이
아니라, 풍년에는 개밥의 도토리처럼 천시당할 것이지만 기아에 허
덕이는 흉년에는 구황의 요긴한 먹거리로서 최소한의 효용은 있지
않겠냐는 대답이다. 이는 자신의 가치를 알아주지 못하는 이이에 대
한 오연(傲然)한 태도이자, 기행으로 비춰지는 자신의 평소 행동과
처신이 나름의 이유와 가치가 있음을 자부한 데서 나온 말이다.

　이지함의 대꾸에는, 교유가 적잖았던 이이조차 그를 제대로 이해
하고 있지 못함이 드러난다. 그렇기에 이이의 기화이초, 진금괴석
이란 오해 아닌 오해는 곧잘 도선 세계의 지향이란 인식으로 연결되
기도 했다. 남명 조식(南溟曹植; 1501~1572)과의 대화를 보자.

　　선생이 방갓을 쓰고 거친 베옷을 입고 걸어 와서 남명 조식께 뵙기를
　청했다. 심부름하는 이가 들어가 고하니, 남명이 즉시 계단을 내려와
　맞았는데 대하는 것이 매우 공경스러웠다. 선생이 말하기를, "어찌 야
　인(野人)이나 초부(樵夫)가 아닌 줄 아셨습니까?" 남명이 말하기를, "자
　네의 풍골(風骨)을 내 어찌 모르겠나." 선생이 스스로에 대해 말하기를,
　"품성이 추위와 배고픔을 견딜 수 있어 어떤 때는 암석의 사이에서 부쳐
　자며 며칠이나 먹지 않고도 멀쩡합니다."라고 했다. (이에) 남명이 **농담
　하여 말하기를, "품기(稟氣)가 그와 같을 진데 어찌 신선(神仙)을 배우
　지 않았겠나?"** 하자, **선생이 옷깃을 여미며 말하기를, "선생께서 사람을
　가볍게 여김이 어찌 이와 같습니까?" 하였다.** 이에 남명이 사과하였다.[7]

이지함은 보통의 사대부와는 다른 행색으로 조식을 찾아간다. 방갓을 쓰고 거친 베옷을 입고 말이나 나귀도 타지 않은 채 걸어서 갔다. 그럼에도 불구하고 조식은 이지함을 단번에 알아보고 공경하여 대한다. 이에 이지함은 자신이 야인이나 초부가 아님을 어찌 알았냐고 묻는다. 조식은 자네의 풍골을 어찌 모르겠냐고 답한다. 이지함이 자신은 추위와 굶주림을 잘 견뎌낸다고 하자, 조식은 그것은 신선의 술법을 배웠기 때문은 아니겠냐고 농담처럼 말한다. 그러자 이지함은 정색하며, 사람을 가볍게 여기지 말라고 한다. 자신이 비록 야인이나 초부의 행색을 하고 다니며 추위와 굶주림, 열악한 잠자리를 견딜 수는 있지만, 그것이 부허(浮虛)한 신선의 술법을 추구하는 경박한 사람이 되려는 것은 아니라고 말한다. 이지함은 그 자신이 도선의 세계를 기웃대는 인물로 인식되는 것을 완강히 거부했다.[8] 그는 결코 선술(仙術)을 닦고 신선 세계를 지향하는 사람이 아니었다.

그러나 일반적인 사람들의 인식은 달랐다. 그들은 조식의 농담처

---

7 先生着蔽陽子 服羸布衣 徒步而求見曹南溟 侍者入告 南溟卽下階迎入 待之甚敬 先生曰 何知非野人樵夫 而迎接至此耶 南溟曰 子之風骨 吾豈不知乎 先生自言 性能耐寒耐飢 或寄宿巖石之間 數日不食 別無他恙 南溟戲之曰 稟氣如此 何不學仙 先生斂容曰 先生何輕人若是 南溟笑而謝之.〈남명사우록(南溟師友錄)〉,『토정선생유고』권하.

8 이와 관련하여 황인덕은, "(이지함은) 행동상에 도가를 연상하게 하는 점도 있었으며, 그로 인하여 오해를 받기도 했지만, 그러나 실제로는 그것과 무관했다는 사실을 알 수 있다."고 했다. 이지함의 사상적 지향에 대한 적실한 지적이라 하겠다. 황인덕,「토정 이지함 작〈차도정절귀거래사〉고찰」,『충청문화연구』제8집, 충남대학교 충청문화연구소, 2012, 10~11쪽.

럼, 이지함을 이인이거나 신선의 술을 닦은 사람으로 여겼다. 사실 이지함은 도불(道佛)이나 신선과 관련된 저술을 남긴 바 없으며, 그가 교유했던 인물 범위에도 도불이나 신선과 직접적으로 관련된 인물이 없다. 오히려 그 반대의 경우만 존재한다.

이와 관련하여 서기(徐起; 1523~1591)의 발신에 대한 『연려실기술(燃藜室記述)』의 기록은 많은 점을 시사한다.

> 공(서기; 필자 주)은 백가중기(百家衆技)에 섭렵하지 않은 것이 없고 선학(禪學; 선불교)을 더욱 사모하였는데, 20여 세에 이지함을 만나 비로소 성리학의 바름을 알고 전에 배운 것을 다 버리고 이지함을 좇았다.[9]

『연려실기술』에서는 『명신록(名臣錄)』을 인용하여, 이지함을 만나기 전후 서기의 삶의 태도나 가치 지향이 어떻게 변했나를 기술하고 있다. 애초 서기는 백가(百家)의 설과 잡다한 기예[衆技]에 두루 통했을 뿐만 아니라, 선학(禪學)을 지향하였던 인물이었다. 그러나 이지함과의 만남과 그의 훈유를 통해 "성리학의 바름[=吾道之正]"을 알게 된다. 이지함은 서기를 성리학적 학문 세계로 이끌었던 것이다. 이것은 이지함이 성리학적 사유를 근간으로 하는 사대부로서의 삶의 태도를 지향하지 않았다면, 불가능했을 일이다. 그러나 사람들은 이지함은 물론이고 서기 또한 도불과 관련된 이인으로만 이해하려 했다.

---

9   公於百家衆技之說 無不涉獵 尤慕禪學 二十餘遇李之菡 始知吾道之正 盡棄其學 而從之. 이긍익, 〈서기〉, 『연려실기술』 제18권.

　사람들은 이지함의 진정한 면모를 이해하지 못했다. 이것은 이지함의 조카이자 제자였던 이산해의 탄식에서도 분명하게 드러난다.

　　(숙부의) 재주는 한 때를 바로잡을 만 했지만 세상에 펼쳐지지 못 했고, 행실은 시속의 모범이 될 만했는데도 세상에 드러나지 않았으며, 앎은 은미한 것을 밝히기 충분한데 세상에서는 알지 못한다. 국량(局量)은 뭇 사람을 포용할만한데 세상에서 헤아리지 못 하고, 덕은 뭇 사물을 안돈하기에 충분한데도 세상에서는 존중치 아니했다. **사람들은 그 외양만을 보고 어떤 이는 고인(高人)이니 일사(逸士)라고 하고, 어떤 이는 탁락(卓犖)하지만 길들여지지 않았다[不羈]고 한다.** 이 어찌 족히 우리 숙부를 알았다고 하겠는가. 어찌 숙부와 더불었다 하겠는가?[10]

　이산해가 탄식하는 까닭은 분명하다. 세상 사람들은 이지함의 재주, 행실, 지혜, 국량, 덕성 가운데 어느 것 하나도 제대로 알지 못한다. 그렇다고 이지함이 저열하다거나 불량한 사람이라고 인식하지도 않는다. 세상 사람들은 이지함을 명확하게 알지 못한 채, 그저 보통 사람과는 확연히 다른 뛰어난 점이 있다는 것만을 알았다. 그러다보니 이지함의 진정한 면모를 알고 인정하기보다는, 외면적 모습에만 주목하여 섣부르게 그를 규정하려 했다. 즉 사람들은 이지함을 "고인일사(高人逸士)"나 "탁락불기(卓犖不羈)"와 같은 그럴싸한 말

10　才足以匡時 而世莫試 行足以範俗 而世莫表 知足以燭微 而世莫識 量足以容衆 而世莫測 德足以鎭物 而世莫尊 徒見其外 而或以爲高人逸士 或以爲卓犖不羈 此豈足以知吾叔父 而於叔父 何與哉. 이산해, 〈묘갈명병서(墓碣銘竝序)〉, 『토정선생유고』 권하.

로 규정했다. 세상에 나서지 않고 숨어 지내는 사람이라거나 뛰어나지만 길들여지지 않는 사람으로 이해했다. 그리고는 이지함에 대한 정당한 이해, 그가 지향했던 가치에 대한 온전한 평가는 뒤쪽으로 밀쳐버렸다. 이산해의 탄식은 바로 이런 사람들의 이해 결여와 어긋난 인식 때문에 터져 나왔던 것이다.

사람들은 이지함을 온전히 이해할 수 없기에, 그가 일반적인 사람과는 다른 사람인 것처럼 신비화했다. 이런 점에서 이이가 지적한 기화이초나 진금괴석이란 언급이야말로 이인 형상의 출발점이라 하겠으며, 고인일사와 탁락불기는 이인과 신선의 의미를 내장한 인식이라 하겠다. 그리고 자연스러운 현상으로, 이와 같은 인식은 후대로 가면서 더욱 강화되었다.

2) 이인 형상의 탄생과 강화

이지함을 이인, 신선이 아닌가 했던 어렴풋한 인식은 후대로 갈수록 명백한 사실처럼 고착화된다. 그것은 도선의 계맥에서 이지함을 어떻게 인식하고 있는가를 살펴보면 분명하게 드러난다.

한무외(韓無畏; 1517~1610)는 이지함과 동시대의 인물이다. 그는 이지함을 도선의 계맥과 무관한 인물로 치부했다. 그는 『해동전도록(海東傳道錄)』을 통해 단학파의 계보를 제시하며 선가(仙家)의 흐름을 설명하였다. 그런데 『해동전도록』에서는 이지함을 전혀 언급하고 있지 않다.

그렇지만 홍만종(洪萬鍾; 1643~1725)의 경우는 다르다. 홍만종은

『해동이적(海東異蹟)』에서 이지함을 다루고 있다. 그는 불로장생의 가능성과 뛰어난 능력을 보인 사례를 사서나 문집, 만록(漫錄) 등에서 찾아 『해동이적(海東異蹟)』에 제시하고 평설을 붙였다. 그는 이런 작업을 하며 이지함을 도선(道仙)과 무관치 않은 인물로 다루었다. 그는 이지함이 이적(異跡)을 보였다고 여겼다. 이지함 사후 두 세대가 갓 지나자 이지함은 도선과 유관한 도인으로 이해되기 시작한 것이다.

좀 더 후대의 경우도 마찬가지의 경향을 보인다. 이익(李瀷; 1681~ 1763)의 『해동악부(海東樂部)』에 실려 있는 〈철관행(鐵冠行)〉을 보자.

옛날에는 갈건자가 있어서	古有葛巾子
술 거른 뒤 도로 머리에 썼는데	漉酒還在頂
후에는 철관공이 나와서	後來鐵冠公
밥 지어 밥솥을 대신했네.	炊餾替鍋鼎
용광로에서 무쇠갓 만들었는데	洪爐鑄元服
형상이 자못 단정하였네.	法象頗頓整
경우 따라 쓰임이 같지 않아서	隨遇用不同
한 물건을 두 이름으로 불렀네.	一器名兩命
…(중략)…	
(쇠갓으로) 어찌 굶주림만 구하리오.	**豈徒可療飢**
구전단 달여서 신선과 통하리라.	**九轉待通聖**
세인이 다퉈 말하길 토정이 신선되어	**世人爭道土亭仙**
난학 타고 아득한 구름길로 갔다 하네.	**駿鸞駕鶴雲路迥**[11]

---

11 이익, 〈철관행〉, 『해동악부』, 『성호전집(星湖全集)』 제8권.

『해동악부』는 역사와 풍속에서 소재를 취한 다양한 시체(詩體)의 시를 수록한 시가집이다. 그렇기에 여기에는 특정한 역사적 사건, 풍속, 인물을 바라보는 이익의 시선이 담겨 있다. 이익은 여기서 무쇠 갓[鐵冠]을 쓰고 다녔던 이지함을 노래하며, 세상을 초월한 신선인 것처럼 묘사하고 있다.

그는 작품에 대한 설명에서, "토정(土亭) 이지함(李之菡)은 자가 형백(馨伯)이다. 길을 다닐 때에 무쇠 갓을 쓰고 다니다가 벗어서 밥을 해 먹은 뒤 씻어서 다시 쓰고 다녔다."라고[12] 했다. 이익은 이지함이 무쇠 갓을 쓰고 다닌 것을 기정사실로 받아들였다. 더불어 이를 갈건(葛巾)을 쓰고 다니며 술을 걸러 마신 신선 풍모를 지닌 은자와 비기고 있다. 작품은 해설과 시작부터 이지함을 신선이라고 전제하고 있다. 그리고 무쇠 갓의 용도가 "구전단을 달여"여 신선이 되려한 것이라고까지 말한다. 이런 노랫말은 세상 사람들이 "다투어 말하길 토정이 신선되어 난학을 타고 아득한 구름길로 갔다고 한다."는 서술로 이어진다. 이익은 세상 사람들이 말한 것처럼, 이지함이 신선과 같은 인물이었다는 사실을 부정하지 않고 있다.

이지함을 도선적 인물로 규정하는 것은 이규경(李圭景; 1788~?)의 경우에서도 분명히 드러난다. 그는 이지함이 도선관련 저술을 지었을 뿐만 아니라 도선과 유관한 여러 책에서 언급되고 있다고 했다. 그는 『오주연문장전산고(五洲衍文長箋散稿)』에서, 이지함이 『복기문답(服氣問答)』의 저자이며 스승의 전수 계맥은 명백하지 않지만

---

12 李士亭之菡字馨伯 行爲鐵冠 脫而炊飯 洗而冠之. 이익, 〈철관행〉.

도가의 여러 책에서 산견되는 인물이라고[13] 했다. 그리고 이런 인식
은 현대의 연구자에게도 이어진다. 많은 연구자들은 이지함의 도가
적 성향을 긍정하며, 그의 사상에 "도가적 흐름"이나 "도가 사상을
수용하는 면모"가 있으며 "도가적 양생법을 배웠을 것"으로[14] 추단
하였다.

이지함이 당시 사람들이 이해 못할 행동을 일삼았고, 다양하고
기이한 일화를 양산해냈던 것은 분명하다. 게다가 "사람들이 다투
어 손가락질하며 웃었으나 아무렇지 않게 여기"는[15] 이지함의 태도
는 이런 신비화의 경향을 부채질하였다. 또한 보통 사람과 다르게
색욕을 굳게 견뎌낸 것과 같은 이야기는 그가 세속적 욕망을 벗어난
인물로 이해되는 단초가 되었다. 예컨대『석담일기』의 제주 관기를
물리친 이야기나[16]『박현석사우록』에서 발췌한 송도 상인 아내의 유

---

13 단학파 중에 저술하여 전수한 것으로 정렴(鄭磏)의『단가요결(丹家要訣)』, 권극
중(權克中)의『참동계주해(參同契注解)』, 이지함의『복기문답』, 곽재우(郭再祐)
의『복기조식진결(服氣調息眞訣)』이 있다. …(중략)… 스승의 전수없이 여러 책
에 흩어져 나오는 것으로는 남추(南趎), 최탕(崔湯), 장세미(張世美), 강귀천과
단양(丹陽)의 이인(異人), 이광호(李光浩), 갑사(岬寺)에 사는 중과 김세마(金世
麻), 문유채(文有彩), 정지승(鄭之升), 이정해(李廷楷), 곽재우, 김덕량(金德良),
이지함, 정두(鄭斗) 등 여러 사람인데, 듣고 보는 대로 기록하였기 때문에 산만
하여 차서가 없다. 丹派中著書傳授者 鄭磏丹家要訣 權克中參同契注解 李之菡服
氣問答 郭再祐服氣調息眞訣 …(중략)… 無師授 而散見諸書者 南趎 崔湯 張世美
姜貴千 丹陽異人李光浩 岬寺寓僧金世麻 文有彩 鄭之升 李廷楷 郭再祐 金德良
李之菡 鄭斗 諸人 而隨聞見記 故漫無次序. 이규경,「도장총설(道藏總說)」,『오
주연문장전상고』,「경사편」2.
14 신병주,『이지함 평전』, 글항아리, 2008, 85쪽, 150쪽, 141쪽 참조.
15 人爭指笑之 自若.〈졸기〉,『선조수정실록』선조 11년 7월 1일.
16 一日飄然入濟州 州牧聞其名 迎致入館 擇美妓薦枕 指倉穀謂妓曰 爾若得幸於李

혹을 물리친 이야기 등은[17] 『토정선생유고』에 인용될 때만해도, 보통사람과 다른 뛰어난 인물의 행동으로 받아들여지는 정도였다. 그런데 이런 종류의 이야기가 후대로 갈수록 이인이기에 가능한 행동으로 이해되었다.

　『청야담수(靑野談藪)』에서는 이지함의 행괴(行恠)나 색을 물리친 것이 이인의 행위로 형상화되고 있으며,[18] 우리나라의 도사, 신선의 일화를 기록한 『화헌파수록(華軒破睡錄)』에서는 그것이 장도령과 같은 신선과 통하는 인물의 행위로 그려진다.[19] 또한 『청학집(靑鶴集)』에서는 신선인 위선생과 속리산에서의 만남이 언급되어 있고,[20] 『동패락송』에서는 지리산 신인(神人)의 초청을 받아 대화를 나누는 인물로[21] 기술하고 있다.

君 當賞一庫 妓異其爲人 必欲亂之 乘夜納媚 無所不至 竟不被汚 州牧益敬重焉. 이이, 〈석담일기〉.

17　先生少時 聞徐花潭之賢 負笈于松都 晝則受業于花潭 夜則休息于舍館 舍主之妻 年少且美色 而其夫卽行貨者 一日其妻勸其夫出商 其夫治任而出行 未幾忽生疑訝之心 乘夜潛還 匿形闚觀 則其妻果入於先生之寢 嬌態淫容 不可盡狀 先生起寢而坐 正依冠肅顔色 備陳人倫之重 男女之別 循循反覆 誨之責之 其女始焉笑之 中焉愧之 末乃涕泣之 其夫急告于花潭曰 家有如此之事 極其奇異 獨觀可惜 故敢來告之耳 花潭出而瞯之 果如其言 花潭卽入握手曰 君之學業 非吾所可敎 願歸去焉. 〈박현석사우록(朴玄石師友錄)〉, 『토정선생유고』 권하.

18　『계서야담』, 『동야휘집』, 『동패락송』 등의 야담집과 관련을 맺고 있는 『청야담수』에는, 〈土亭李之菡이 好行恠詭ㅎ야 取老人譏〉, 〈土亭이 却不押花潭之婢〉, 〈土亭이 行怪着陶笠素帶ㅎ야 祛癎疾〉, 〈土亭이 作鹽商할시 於馬上에 揮鞭成樂音ㅎ니 有人知ㅎ날 追不得이요 遇蔣都令爲僵尸ㅎ야 噬其足指ㅎ니 忽不見〉, (『청야담수』 권3.) 등의 이야기가 실려 있다. 이들은 한결같이 이지함을 이인이나 신선에 버금가는 존재로 형상화하고 있다.

19　이석호 역주, 『화헌파수록』, 『한국기인전 청학집』, 명문당, 1990, 44~49쪽.

20　이석호 역주, 『청학집』, 『한국기인전 청학집』, 명문당, 1990, 153~154쪽.

이처럼 도선 계열의 책이나 야담집 등에서 이지함은 영락없는 이인, 신선이다. 이지함의 형상은 후대로 갈수록 오갈 데 없는 도사나 신선의 모습으로 고착화된 양상이다. 어긋난 인식이 신비화를 거치면서 이인, 도사, 신선으로 자리잡게 된 셈이다.

3. 이인 형상의 기저와 학문 태도

1) 성리학적 가치의 지향

그렇다면 이지함은 왜 보통 사람이 이해하지 못할 행동을 했던 것인가. 비록 도톨밤과 같이 성세(盛世)에는 버려질 수도 있겠고 남들은 그 쓰임새를 알지 못하지만, 그래도 주저없이 자신이 행하고자 했던 바를 행하며 살았던 까닭은 무엇인가. 당연한 말이겠지만 이지함의 이런 행동의 근저에는 그가 추구한 학문적 지향과 사유 방식이 자리하고 있을 것이다. 이를 다음의 〈피지음설(避知音說)〉을 통해 살펴보자.

선비의 굴레는 지음(知音)에서 비롯한다. 말세의 지음은 재앙의 중매쟁이다. 어찌 그러한가? 재용(財用)은 애초 흉물이 아니나 국가의 재앙

---

21 土亭曰 此乃智異山神人 送船邀我輩也 舟仍近前 兩人乘之 舟自撓而去 行半日泊山下 捨舟登山 有一石窟 入其中 則窟頗明曠 赤毛一人 引去土亭 對坐於石榻上. 『동패락송』 권곤.

은 재용에서 많이 나온다. 권세는 애초 흉물이 아니나 대부(大夫)의 재
앙은 권세에서 많이 나온다. 회옥(懷玉)은 애초 흉물이 아니나 필부의
재앙은 회옥에서 많이 나온다. 지음은 애초 흉물이 아니나 어진 선비의
재앙은 지음에서 나옴이 많다. 선맹(宣孟)에게 알려지지 않았다면 정영
(程嬰)이 어찌 재앙을 받았겠으며, 연단(燕丹)에게 알려지지 않았다면
형가(荊軻)가 어찌 재앙을 받았겠는가? 소하(蕭何)에게 알려지지 않았
다면 한신(韓信)이 어찌 재앙을 받았고, 서서(徐庶)에게 알려지지 않았
다면 제갈량(諸葛亮)이 어찌 재앙을 받았으리오. 지음을 만나고 재앙을
받지 않은 자는 드물고 곤욕을 치르지 않았다는 것을 들어본 바 전혀
없다. 이런 까닭으로 사람들은 알려지고자 하지만 현자는 진실로 피할
따름이다. **서로 만나고도 재앙이 되지 않는 것은 오직 산수(山水) 사이
의 지음일 뿐이고, 전야(田野) 사이의 지음을 뿐일진저!**[22]

이지함이 〈피지음설〉에서 말하고자 하는 바는 분명하다. 재용,
권세, 회옥(懷玉; 뛰어난 재주를 지닌 것을 비유)의 욕망과 그것을 매개
하는 지음의 굴레에서 벗어나 산수와 전야 사이에서 노닐고자 함을
드러냈다. 〈피지음설〉의 주지(主旨)는, 외견상 지음으로 인하여 재
앙이 초래됨을 주장한 것처럼 보인다. 그러나 기실은, "세상을 피하
여 홀로 서서 뜻과 행실을 높고 깨끗하게 하"는[=遯世獨立 志行峻潔]

---

22 士之罵 由知音也 而叔季之知音 殃之媒也 何者 財用初非凶物 國家之殃 多出於財
    用 權勢初非凶物 大夫之殃 多出於權勢 懷璧初非凶物 匹夫之殃 多出於懷璧 知音
    初非凶物 賢士之殃 多出於知音 不見知於宣孟 則程嬰何殃 不見知於燕丹 則荊卿
    何殃 不見知於蕭何 則韓信何殃 不見知於徐庶 則諸葛何殃 知音之遇 不殃者鮮矣
    而不困不辱 未有聞 是故 人有願爲知音者 賢士姑避之而已矣 相遇而不殃者 其惟
    山水間之知音乎 其惟田野間之知音乎. 〈피지음설(避知音說), 『토정선생유고』
    권상.

일민(處士)이나[23] "산수 사이에서 세상의 번다함을 피한 채 고요히 자족하는 삶을 살아가"는[=守靜山林 謝絕世紛] 처사(處士)의 삶에 대한 지향이 내포되어 있다. 동시에 남에게 이해받지 못하는 삶, 자신을 알아주지 않는 현실이라고 하더라도 그대로 인정하고 받아들이겠다는 뜻이 내재한다.

　이것은 〈피지음설〉이 불우(不遇)한 현실, 자신의 가치를 알아주지 않는 현실에 대해 자위하는 글이 아님을 뜻한다. 오히려 '지음을 피한다.[避知音]'는 것은, 타인의 몰이해와 그릇된 인식을 일정부분 의도한 것이라고 해석할 여지가 있다. 요컨대 이지함은 사람들이 자신을 이해하지 못하는 것이나 어긋난 인식을 그대로 인정하고 바로잡지 않으려 했다. 오히려 오연한 태도로 구속받지 않고 한없이 자유롭게 자신의 가치를 추구하는 삶, 처사나 일민과 방불한 삶을 살아가고자 했던 것이다.

　이는 탁행의 선비로 거듭 추천을 받았음에도 출사하지 않았던 것이나, 포천 현감에 재직할 때에 상소를 올려 피폐한 포천에 어량(魚梁)을 절수하여 고을 백성의 삶을 구제할 방안을 건의했지만 조정에서 받아들이지 않자 미련없이 벼슬을 버리고 돌아간 사실과도[24] 무

23　이이는 동시대의 괄목할만한 성리학자인 조식과 성운(成運; 1497~1579)을 일민(逸民)과 처사(處士)로 평가한 바 있다. 曹植遯世獨立 志行峻潔 眞是一代之逸民也. 이이, 〈석담일기〉 권지상, 융경 육년 임신. ; 處士成運卒 運守靜山林 謝絕世紛 餘四十年 距家數里 有溪壑可玩 築小室其間 每閑日騎牛而往 蕭然獨坐 有時彈琴數曲 自適而已. 이이, 〈석담일기〉 권지하, 만력 칠년 기묘.

24　이이는 이지함이 애초부터 포천 현감의 직에 미련이 없었음을 지적했다. 어량(魚梁)을 떼어 포천에 배속케 해달라는 건의가 받아들여지지 않자 곧바로 사직한

관하지 않다. 물론 이지함이 지음을 피했다고 해서 그가 탈성리학적 혹은 반성리학적 태도를 지녔다는 것은 아니다. 오히려 그는 성리학적 가치를 일관되게 추구했다.

> 그(이지함; 필자 주)의 학문은 경(敬)을 주로 삼고 이(理)를 궁구하는 것을 위주로 하였다. 일찍이 말하기를, "성인은 배워서 능히 할 수 있다. 다만 걱정할 바는 자포자기하고 노력하지 않는 것이다."라고 했다.[25]

이지함에 대한 이이의 평가다. 이이의 평가대로라면, 그는 전형적인 유자의 학문 태도를 지녔다. 성리학적 사유의 근간은, '주경(主敬)과 궁리(窮理)를 통해 성인의 경지에 다다를 수 있다는 믿음의 실천'에 있다. 이지함이 "聖可學而能"라고 말하면서도 "惟患暴棄不爲耳"하는 현상을 지적한 것은, 그가 성리학자의 믿음을 지녔고 세상에 대해 근심했음을 여실히 드러낸다. 세상이 피폐해지는 것은 성인됨이 가능하지 않다는 생각 때문이며, 성인이 되는 것은 가능하다고 믿지만 그 실천이 어렵기에 중도에 포기하고 말기 때문이다.

이지함은 성리학적 사유에 대한 믿음과 그 실천의 중요성을 지적한 것이다. 이 같은 발언이 전제되어야만, 그가 탁행의 선비로 천거

것은 포천 현감에 나간 것 역시 일종의 유희(游戱)였기 때문이라고 했다. 萬曆二年甲戌八月 先生以抱川縣監 棄官歸 先生憂抱川穀少 無以活民 請折受魚梁 捉魚貿穀 以助邑用 朝廷不從之 先生初無久於作邑之計 只游戱耳 旋棄官. 이이, 〈석담일기〉, 『토정선생유고』 권하.

25 先生爲學 嘗以主敬窮理爲主 嘗曰 聖可學而能 惟患暴棄不爲耳〈석담일기〉, 『토정선생유고』 권하.

된 것이나 그의 공부가 주경궁리(主敬窮理)였다는 것이[26] 온전히 이해된다. 그의 학문적 종지(宗志)는 성리학적 틀 안에 있었다.

그렇다면 그가 추구했던 주경(主敬) 공부의 요체는 무엇인가. 그것은 '미발(未發)의 마음[心]에 대한 사유를 기반으로 한 무욕(無欲)의 지향'으로 요약된다. 이른바 과욕의 실천이라 하겠다. 이와 관련된 그의 사유 태도를 〈과욕설〉을 통해 구체적으로 살펴보자.

맹자가 이르기를, '마음을 기름에 있어 과욕(寡欲)보다 좋은 것이 없다.'고 했다. 덜어내는 것[寡]은 없음[無]의 시작이다. 덜고 또 덜어내어 덜어낼 것이 없음에 이르면 마음이 비워져 영(靈)하게 된다. 그 영(靈)의 비춤은 명(明)이 되고 명의 채움은 성(誠)이 된다. 성의 도(道)는 중(中)이 되고 중이 발하면 화(和)가 된다. 중화(中和)는 공(公)의 아비이고 생(生)의 어미이니 순순(肫肫)하기에 안이 없고 호호(浩浩)하기에 밖이 없다. (또한) 밖에 있다는 것[有外]에서 작아짐을 시작하나 작아지고 작아진다고 해도 형기(形氣)에 얽매인 즉, 내가 있음만 알고 남이 있음을 모르게 되며 (또) 남이 있음을 알아도 도(道)가 있음을 모르게 된다. 물욕에 가리게 되어 장적(戕賊)함이 많게 되고 욕심을 덜어내고

---

26 그가 성리학적 수기 공부를 지향했음은 신뢰할만한 공식적 기록에서 한결같이 나타난다. 대략적인 것들을 들면 다음과 같다.
爲學, 常以主敬窮理, 踐履篤實爲先. 常曰 聖可學而能, 唯患暴棄不爲耳. 이산해, 〈묘갈명병서〉, 『토정선생유고』 권하. ; 寔由探道 主敬爲本 反躬允蹈 智周萬變 行貫神明 切磨鴻儒 如邵於程. 서종태(徐宗泰), 〈서원사액제문(書院賜額祭文)〉, 『토정선생유고』 권하. ; 先生之生 信乎命世 資稟旣異 完養以預 硏窮經學 不達不措. 조헌, 〈제토정선생문(祭土亭先生文)〉, 『토정선생유고』 권하. ; 其爲學 以主敬窮理 踐履篤實爲先 甞曰 聖可學而能 唯患暴棄不爲耳 其於論義理辨是非 正大光明. 이관명(李觀命), 〈아산현감이공시장(牙山縣監李公諡狀)〉, 『토정선생유고』 권하.

자 해도 할 수 없게 된다. 하물며 그것을 없게 함에랴! 맹자의 뜻이 멀고
도 깊도다.[27]

이지함은 저술을 거의 남기지 않았으며, 저술을 좋아하지도 않았
다.[28] 특히 사상적 지향이나 성리학적 학문 분파를 명백히 드러내는
저술은 사실상 없다. 그러나 〈과욕설〉만큼은 인간에 대한 철학적
이해의 시각과 수양의 요체를 고스란히 담아냈다. 그는 수양의 방법
과 그 효과를 〈과욕설〉에 구체적으로 제시하였고, 동시에 그것의
어려움도 말하였다.

〈과욕설〉은 마음을 기름에 있어, 과욕이 중요함을 맹자(孟子)의
말을[29] 인용하는 것으로 시작한다. 인욕(人慾)을 덜어내기를[寡欲] 반
복하여 무욕(無欲)에 이르게 되면 텅 비어 신령스럽게 된다. 이런 허
령(虛靈)한 상태로 만물을 비추어 보아야 밝게 성(誠)할 수 있다. 그
리고 성(誠)이 도(道)에 맞게 발(發)할 때 중화(中和)가 된다. 중화야
말로 공변됨의 아비요 생명의 어미이니, 안으로는 정성스럽게 되고
밖으로는 거칠 것 없이 광대하게 된다. 이른바 대인(大人)이자 성인
(聖人)으로 나아가게 되는 것이다. 그는 과욕을 통해 마음을 기름으

---

27 孟子曰 養心莫善於寡欲 寡者無之始 寡而又寡 至於無寡 則心虛而靈 靈之照爲明
    明之實爲誠 誠之道爲中 中之發爲和 中和者 公之父 生之母 肫肫乎無內 浩浩乎無
    外 有外者小之始 小而又小 梏於形氣 則知有我 而不知有人 知有人而不知有道 物
    欲交蔽 戕賊者衆 欲寡不得 況望其無 孟子立言之旨 遠矣哉.〈과욕설〉,『토정선
    생유고』권상.
28 先生平生 不喜著述 其存於今者若干篇 蓋所謂不得已者也. 송시열,〈토정유고발
    (土亭遺稿跋)〉,『토정선생유고』권하.
29 養心莫善於寡欲.『맹자(孟子)』,「진심장구하(盡心章句下)」.

로써 성인이 될 수 있다고 믿었다.

　그러나 그는 과욕이 말처럼 쉽지 않음도 분명히 인식하였다. 과
욕이 더 어려운 것은 마음과 외물이 교섭하여 나타나는 욕심이, 명
리(名利)나 식색(食色)처럼 단순한 것만이 아니기 때문이다. 다음 이
이와의 대화를 보자.

　　율곡이 (선생께) 성리(性理)의 배움에 종사할 것을 권하자, 선생이 말
　　하기를, "나는 욕심이 많아 (성리의 배움을) 능히 할 수 없다네."라고
　　했다. 율곡이 말하기를, "명성과 이익, 영화로움 따위는 어르신께 하찮
　　은 것일 뿐인데 무슨 욕심이 있어 성리의 학문에 방해가 되겠습니까?"
　　하였다. 선생이 말하기를, "어찌 반드시 명리(名利)와 성색(聲色)만을
　　욕심이라 하겠는가? 마음이 향한 곳은 천리(天理)가 아닌 즉, 모두가
　　인욕(人慾)이라네. 나는 스스로를 놓아버리기를 좋아하고 규율로 단속
　　하지 못하니 어찌 물욕이 아니겠는가?" 하였다.[30]

　이이는 그에게 성리의 배움에 매진할 것을 권한다. 그러자 자신
은 욕심이 많아서 능히 할 수 없다고 답한다. 이에 이이는 선생님은
명성, 이해, 영화를 모두 하찮게 여기며 사는데, 무슨 욕심이 많아
학문에 방해가 될 수 있다는 것이냐고 되묻는다. 그러자 그는 사람
의 마음이 향한 곳은 천리(天理)가 아닌 인욕(人慾)이 있을 뿐이라고
답한다. 그러면서 자신은 규율에 얽매이지 못하여 스스로를 풀어 놓

---

30 栗谷勸從事性理之學 先生曰 我多慾 未能也 栗谷曰 聲利芬華 皆非吾丈所屑也 有
　　何慾可妨學問乎 先生曰 豈必名利聲色爲慾乎 心之所向 非天理則皆人慾也 吾喜
　　自放 而不能束以繩墨 豈非物慾乎. 이이, 〈석담일기〉.

기를[自放] 좋아하는데, 그것 역시도 욕심이라고 말한다. 그는 인간
이 좋아하여 바라는 모든 것이 욕심일 수 있다고 봤다. 물론 이것은
이이의 말을 점잖게 부정하며 권학을 사양한 핑계일 수도 있다. 하
지만 그는 이이와의 대화를 통해 인간 욕심의 본질과 그것을 극복하
기 위한 과욕의 노력이 필요함을 분명하게 드러냈다.

　이런 과욕에 대한 이지함의 인식은 추상적 사유에 머물지 않는
다. 그는 과욕을 삶에서 고스란히 실천하려 했다. 그를 평한 모든
기록에 무욕, 청빈이란 말이 있다.[31] 이것은 그가 욕심을 극복하고
덜어내기 위해 언제 어디서나 쉬지 않고 노력했음을 뜻한다. 관념적
사유를 일상에서 실천하려 했다.[32] 다음의 『조선왕조실록』에 나타
난 그의 〈졸기(卒記)〉를 보자.

　　그리고 그는 **처신하기를 확고히 하되** 여색을 더욱 조심하였다. 젊은
　시절에 주·군(州郡)을 유람한 적이 있는데 수령과 군수가 이름난 기생
　을 시켜서 온갖 수단을 다하여 시험해 보았지만 그는 끝내 **마음을 움직**

---

31 이지함의 성품과 관련한 묘사에서 과욕과 무욕은 빈출한다. 그 대략적인 사례를
　들면 다음과 같다. 天資寡欲 於名利聲色 淡如也. 이이, 〈석담일기〉. ; 先生自少
　寡欲 於物無吝滯 稟氣異常 能忍寒暑飢渴 或冬月 赤身坐烈風 或十日絕飲食不病.
　이이, 〈석담일기〉. ; 李之菡李珥成渾也 右三人者 學問所就 雖各不同 其淸心寡欲
　行範世則同. 조헌, 〈중봉소〉. ; 栗谷嘗稱之曰 先生天資寡欲 於名利聲色 淡如也
　有時戱語不莊. 〈이관명, 〈아산현감이공시장〉. ; 李之菡李珥成渾也, 三人之造德
　雖不同 而其淸心寡欲 至行範世則無不同也. ; 溯其本 則皆自淸心寡欲中流出矣.
　송시열, 〈토정유고발〉.

32 그의 실천적 면모는 이산해가, "踐履篤實"을 앞세웠다고 한 것에서도 잘 드러난
　다. 爲學 常以主敬窮理 踐履篤實爲先. 이산해, 〈묘갈명병서〉, 『토정선생유고』
　권하.

이지 않고 극기(克己)로 색욕을 끊었다. 그는 열흘을 굶고도 견딜 수 있었으며 무더운 여름철에도 물을 마시지 않았다. 초립(草笠)을 쓰고 나막신을 신은 채 구부정한 모습으로 성시(城市)에 다니면 **사람들이 서로 손가락질하며 웃었으나 그는 아무렇지 않게 여겼다.**[33]

〈졸기〉의 기술에는 이지함의 과욕에 대한 굳건한 지향이 드러난다. 그는 색욕과 같은 본능적인 욕심도 "극기단욕(克己斷慾)"의 태도로 극복했다. 그렇기에 자손들에게 여색에 대한 경계를 특히 엄중하게 했다. 이산해에 의하면 그는, "여색에 대해 엄격하지 못하면 다른 것은 볼 것도 없다."고[34] 말했다고 한다. 사실 여색은 원초적이면서도 모든 욕심의 절대적 상징이다. 그가 여색을 멀리한 까닭이 여기에 있다. 그러나 그의 과욕의 노력은 여색에만 국한하지 않는다. 그는 인간의 욕심이라고 여겨질 수 있는 일체의 것, 식욕과 수면욕은 물론이고 갈증, 더위와 추위 등을 각고의 노력으로 견디고 덜어내려 했다.[35]

욕심과 대결을 벌이며 그것을 덜어내려 했던 것이 바로, 그에게는 수기(修己)의 공부였다. 그러나 욕심의 본질을 근본적으로 사유하지 않은 일반적인 대다수의 사람들은 그의 수기 공부가 기행으로

---

33 處己壁立 尤謹於女色 少遊州郡 守宰飭名妓 試之百端 終不動念 克己斷慾 能浹旬忍饑 盛夏不飲 草笠木屨 僂行城市中 人爭指笑之 自若. 〈졸기〉,『선조수정실록』 선조 11년 7월 1일.

34 恒居誨子姪 最戒女色 常曰此而不嚴 餘無足觀也. 이산해, 〈묘갈명병서〉.

35 尤用力於克己上 其忍飢也 浹旬不火食 其忍渴也 盛夏不飲水 其忍勞也. 이산해, 〈묘갈명병서〉.

비춰질 수밖에 없었다. 성색(聲色)의 본능을 참고, 자고자 하는 욕구를 참으며 잠을 안 자고, 추울 때 따뜻하고 싶은 욕망과 더울 때 시원하고자 하는 바램을 견뎌내는 것들. 사람들은 이지함이 인간의 본능적 욕구조차 참고 견디는 능력을 지닌 이인으로 오해했던 것이다.

2) 사상마련(事上磨鍊)의 실천적 궁리(窮理)

앞서 이지함이 과욕을 실천했고, 그것이 사람들의 눈에 기행으로 비춰졌음을 살폈다. 이와 같은 이지함의 학문 태도는 주희가 언명한, "주경으로 그 근본을 세우고 궁리로 그 앎을 진작하려"[36] 했다는 것과 큰 틀에서 어긋나지 않는다. 성리학자들은 마음을 사유하고 그것을 일상적 삶에서 실천하는 것, 사물의 이치를 따져 살피는 것은 모두가 사람을 전면적으로 발전시키는 것이라 여겼다. 정신 수양과 격물궁리(格物窮理)는 학문에서 나뉠 수 없는 두 측면이기 때문이다.

도학적 관점에서, 성리학자들이 사물의 이치를 따져 지식을 습득하고 축적하는 목적은 보편적 이성의 입장에서 인간과 도덕 법칙을 이해하려는 것이다.[37] 즉 도는 사물과 단절되지 않는다.[=道器不離]고 전제했다. 형이상자(形而上者)와 형이하자(形而下者)의 무간단(無間斷)에 대한 인식은 학문의 근본은 일용지간(日用之間)에서부터 시

---

36 涵養須用敬 進學則在致知 朱子曰 主敬以立其本 窮理以進其知 二者不可偏廢 使本立而知益明 知精而本益固 二者亦互相發. 『근사록집해(近思錄集解)』권지이(卷之二)「위학(爲學)」58.

37 진래 지음, 안재호 옮김, 『송명성리학』, 예문서원, 1997, 173쪽.

작되어야 한다고 여긴 것이다. 근본에서부터 학문을 시작하여 추상
적 사유인 도에 이르러야 한다.[下學而上達]고 보았던 것이다. 뭇 사
물에 깃들어 있는[=理一分殊] 이(理)를 궁구함으로써 앎을 확장할 수
있다고 보았다.

이지함의 공부역시 일상 속에서 이루어졌다. 그리고 그의 실천적
궁리의 태도는 일반적인 사람보다 치열했다. 이른바 사상마련(事上
磨鍊)의 학문의 진작 방식이었다. 그렇기에 궁리를 위한 격물치지의
실천적 행동들이 남들에게는 이상한 짓으로 비춰지거나, 실패로 끝
날 것이 분명하다고 해도 그에게는 문제가 되지는 않았다. 실패의
경험 역시 앎을 확장하는 한 방법이 될 수 있기 때문이다.

이지함은 기개와 도량이 비범하고 효성과 우애가 뛰어났다. 어렸을
때 해변에 어버이를 장사지냈다. 조수가 조금씩 가까이 들어와 천백 년
이 지나면 물이 반드시 무덤을 침해하리라 여겨 제방을 쌓아 막고자 하
였다. 곡식을 이식(利殖)하고 재물을 모으는데 온갖 힘을 하였으나 **사
람들은 그가 다 감당할 수 없을 것이라고 놀려댔다.** 선생이 말하기를,
**"사람의 힘이 미치고 못 미치는 것은 내가 마땅히 힘 써야 할 것이고
일이 이루고 못 이루는 것은 하늘에 달려 있다.** 자식으로서 어찌 힘이
부족함에 안주하여 훗날의 재난을 막기를 게을리 하겠는가?" 하였다.
해구(海口)가 넓어 끝내 성공하지는 못하였으나 선생의 정성은 그침이
없었다.[38]

---

38 少時葬親海曲 潮水漸近 度於千百年後 水必囓墓 欲防築以禦水 殖穀鳩財 用力甚
勤 人多譏其不自量 先生曰 人力之至不至 我當勉之 事之成不成 在天焉 爲人子者
豈可安於力不足 而不防後患乎 海口廣闊 功竟不就 而先生之誠 則未止也. 〈석담

〈이지함의 부모 무덤: 충남 보령시〉[39]

　　이지함은 어리석게도 넓은 바다를 메워 제방을 쌓으려 시도했다. 그러나 그 결과는 당연하게도 실패했다. 본디 이 기사는 이지함의 효우(孝友) 행실에 대한 예증이었다. 문장 첫머리에 그의 "효우"의 품성을 말하고 끝부분에 "자식으로서 어버이를 위한 재난을 막을 계획을 게을리 할 수 없다."고 했으니 글의 주지가 분명하다. 그러나 그 바다를 메우는 무모한 행동, 보통 사람은 이해하지 못할 기행에 내재된 의미는 효우의 실천에만 국한되지 않는다.

　　이지함이 훗날 조수가 무덤을 침해할 것을 알았다는 사실은, 그가 오랜 시간동안 무덤 주변의 지형과 조수의 흐름을 살폈음을 뜻한다. 그 결과, 그는 조수에 의한 해안 침식이 발생할 것을 예측할 수

　　일기〉, 『토정선생유고』 권하.
39　그림의 A는 이지함과 부모 무덤이며, B는 이지함이 해구를 막으려고 시도했던 곳으로 추정되는 지역이다.

있었다. 이에 그것에 대비하려고 했고, 사람들은 '바다를 막으려 하다니!'라고 하며 그를 비웃었다. 그럼에도 그는 사람들의 생각에 오연히 맞서서 무모하게 일을 벌였다. 부모의 무덤과 관계된 일에 그저 어쩔 수 없다는 태도로 포기할 수는 없는 노릇이었기 때문이다. 비록 다른 사람들의 눈에는 어처구니없는 짓에 불과했겠지만, 그는 관찰과 탐색을 통해 앎을 확장하고 그것을 현실 속에서 실천하려고 했다. 그것이 그가 추구한 일의 경험을 통한 학문의 진작 방식이며, 격물치지의 실천적 학문 자세라 할 수 있다.

그의 호가 토정(土亭)인 것도 궁리(窮理)를 향한 그의 실천적 학문 태도를 보여주는 사례와 무관하지 않다. 그는 마포나루 맞은 편 습지 한 가운데에 높이가 수 척에 이르게 흙을 쌓고 그 위에 집을 짓는다. 그리곤 낮에는 집 아래에서 밤에는 집 위에서 머물렀다가 버리고 돌아갔다.[40] 이후 토정은 무너지고 그 흔적만 남게 되었다. 사람들은 그의 이 같은 행동이 이해되지 않았을 것이다. 왜 마포 나루 부근에 토정을 쌓았고, 거기서 밤낮으로 무엇을 했으며, 왜 또 버리고 갔는지 도통 알지 못했던 것이다.

그가 축대를 쌓은 지점은 조수의 영향이 크고 한강 물길의 흐름상 침식 작용이 끊임없이 일어나는 곳이다. 흙으로 제방을 쌓는 것만으로는 물길이 강둑을 침람하는 것을 막을 수는 없다. 그런데도 이지함은 흙으로 축대를 쌓아 그 실효성을 살폈다. 그는 바닷물이

---

40 募江村人 積土汚塗中 高幾尺 築土室 名曰土亭 夜宿室下 晝升屋上 居之未幾 棄之而歸.〈혹인기사(或人記事)〉,『토정선생유고』권하.

〈토정: 서울 마포구 토정로〉[41]

밀려와 강물의 높낮이가 달라지는 거의 끝 지점에서 별을 보며 성차를 헤아리고 조수의 규칙성을 찾았으며, 물의 침식을 살폈다. 밤하늘 달과 별의 운행과 밀물과 썰물의 작용, 해안 침식의 양상 등에 대한 그의 얇은 토정을 쌓았던 본래 의도의 실패와는 무관하게 진작되었을 것이다.

토정을 쌓은 것은 열악한 환경에서 각고의 노력으로 천지의 조화와 음양의 소장(消長)을 관찰하여 만물의 변화와 그 질서에 통달하고자 하는 의도의 구체적 실천이자 궁리의 방식이다. 그리고 그것은 또한 사물의 변화와 그 질서의 통달이 형기와 외물의 교접으로 인한

---

41 지도의 A는 토정을 쌓은 지점.

욕심의 발생을 막아 삶을 편안하게 이끌 수 있기 때문이기도 하다.
외계의 변화에 대응할 수 있어야 삶이 편안한 것은 당연한 이치다.
한서(寒暑)의 내왕을 알아야 그것에 대비할 수 있다. 한서의 내용이
자연의 변화라면, 그 이치를 아는 것은 공부다. 추워질 때 따뜻해지
고자 하는 욕망을 덜어내기 위해서는 추위의 도래를 미리 알아야
한다. 그래야 수시(隨時)하여 편안할 수 있다.

그런데 이와 같은 실천의 모범적 사례는 북송의 성리학자 소옹(邵
雍; 1011~1077)에게서도 볼 수 있다. 그리고 그는 소옹에 비견되곤
했다.

> 내가 선생[=이지함]을 살피건대, **소옹의 무리와 가깝지 않은가 싶다.**
> 정호(鄭顥; 1032~1085)가 소옹의 도를 논해 말하기를, "뜻이 크고 힘
> 은 웅건하여 당당한 걸음으로 오래 달릴 수 있고 허공을 내달아 높이
> 치달리며 모든 이치에 통달하였다."고 했다. 또 말하기를, "**소옹은 호방
> 한 사람이다."고 했다. 또 말하기를, "소옹은 정말이지 예(禮)에 구속되
> 지 않고 거침이 없다."고 했다. 대개 선생께서 평생 동안 받아들인 것인
> 즉, 소옹의 시속(時俗)과 어긋나는 일을 하는 법[=打乖法門]이어서 세
> 상을 가볍게 여기고 농담을 섞어댔다.** 예컨대 그 요성(妖星)을 서성(瑞
> 星)이라고 했던 것이나 게으른 노비에게 병들었다고 말하는 것은, 실로
> 소옹의 '생강나무 위에 산다.[=生薑樹上生]'는 말이나 '지팡이를 잊었
> 다.[=忘却拄杖]'는 (역설적인) 말과 한 틀에서 나온 것과 같다. 다만 소
> 옹은 그 행적을 잘 드러나지 않았으나 선생은 지나치게 드러났으니 그
> 것이 조금 다른 바다. **만약 두 현인(소옹과 이지함; 필자 주)으로 세상
> 에 쓰임이 되게 하였으면 혹 세상의 법규와 기율에는 어울리지 않았겠으
> 나 어찌 일세를 경제(經濟)하는 것이 아름답지 않았겠는가?** 사량좌(謝

良佐)가 소옹에 대해 말하기를, "진실로 호걸스런 재능을 가지셨다. 풍
파가 심한 때에 곧 세상을 속이는 수단이다."고 하였다. 나도 또한 선생
께 똑같이 말할 것이다.[42]

정호의 눈에 비친 이지함은 소옹의 판박이다. 실제로도 그러했
다. 소옹도, "처음 학문에 갖은 고생을 하며 힘써 추워도 난로조차
없이 지내는가하면 더워도 부채조차 없이 지냈으며 밤에 잠자리에
들지 않은지도 몇 년이나 되었"고 "천하를 떠돌며 깨달음에 이르렀"
다.[43] 또한 "처음 낙양에 도착했을 때는 가난하여 몸소 나무하고 불
을 땠으며 집이 매우 누추하여 비바람을 막아주지도 못했는데도 오
히려 편안했다."고[44] 한다. 한마디로 소옹의 행동은, 욕심을 덜어내
며 천하를 주유하던 이지함의 기행과 방불하다.
　이런 행동들 때문인지 정호는 이지함이 "소옹의 시속과 어긋나
는 일을 하는 법"을 배웠다고 했다. 소옹과 이지함의 기행과 역설적

---

42 以余觀於先生 其殆邵堯夫之倫歟 明道論堯夫之道曰 志豪力雄 闊步長趨 凌空厲
　　高 曲暢旁通 又曰 堯夫放曠 又曰 堯夫直是無禮不恭 蓋先生一生所需用 卽堯夫打
　　乖法門 傲睨一世 雜以諧謔 若其妖星爲瑞星 及傭奴詐疾之言 實與生薑樹上生 忘
　　却拄杖等句語 同一機括 但堯夫微露其迹 而先生太露 此其少異也 若使前後二賢
　　出爲世用 雖或不純乎規矩準繩 而豈不綽綽於經濟一世乎 謝上蔡謂堯夫直是豪才
　　在風塵時節 便是偏霸手段 余於先生亦云. 정호, 〈토정선생유고(土亭先生遺稿
　　序)〉, 『토정선생유고』.
43 始爲學 卽堅苦刻厲 寒不爐 署不扇 夜不就席者數年 已而嘆曰 昔人尚友于古 而
　　吾獨独及四方 于是逾河汾涉淮漢 周流齊魯宋鄭之墟 久之 幡然來歸曰 道在是矣.
　　『송사(宋史)』,「도학열전(道學列傳)」, 제186.
44 初至洛 蓬蓽環堵 不蔽風雨 躬樵爨以事父母 雖平居屢空 而怡然有所甚樂.『송사』,
　　「도학열전」, 제186.

논변들을 지적한 말이다. 그럼에도 정호는 두 사람의 가치를 전면
부정하진 않는다. 소옹이나 이지함 모두 일세를 경영하는 직임을
맡겼다면, 훌륭하게 잘 해냈을 것이라고 했다. 정호는 이들이 시속
의 구구한 예절이나 그릇된 인식에 구애받지 않고 앎을 진작하여
욕심을 덜어 편안해지고자 했던 것은 몰랐다. 그렇지만 최소한, 그
들의 능력이 결코 범상치 않음은 알았다. 사실 이지함의 소옹 지향
은 단순히 기질이나 처신에만 국한되지 않는다. 소옹의 학문 세계
에 대한 지향과도 일정하게 닿아 있다.

　이지함은 서경덕에게 수학했고 허엽(許曄), 조식, 박순(朴純) 등과
교유했다. 서경덕 문인 계열의 학문적 특징은 북송 대 소옹의 상수
학(象數學), 장재(張載)의 성리학, 그리고 일부 노장학(老莊學)을 받
아들인 것이다.[45] 당연히 이지함 역시 이런 학문적 세례, 특히 소옹
의 상수학에 빠져들었을 것이다.

　자연의 변화와 인간사의 길흉을 『역(易)』 괘효(卦爻)를 빌어 풀이
한 소옹의 상수학은 수(數)와 상(象)으로 세계 질서를 체계화하려는
시도였다. 그는 『역』 괘효의 상(象)으로 현상을 설명하고 『역』의 수
(數)를 철학적 차원에서 논리화하였다. 우주 운행과 순환의 질서를
원회운세(元會運世)로 설명하였다. 그는 기존 역법이 1년, 12개월, 1
개월 30일, 1일 12시진으로 체계화하여 소년(小年)이라 칭하던 것에
서 나가 대년(大年)의 개념을 개발하였다.

---

45 이와 관련해서는 다음을 참고할 수 있다. 신병주, 「화담학과 근기사림의 사상」,
　『국학연구』 제7집, 한국학진흥원, 2005. ; 신병주, 앞의 책, 93~99쪽. 133~135쪽.

이지함은 우주와 자연, 인간사의 변화를 기호의 조합과 수의 원리로 체계화하여 설명하는 소옹의 학문에 매료된 것으로 보인다. 그리고 그 역시 이와 같은 학적 체계를 실천으로 확립하려 했다. 다만 이런 이지함의 지향은 당시 사람들에게는 도통 알 수 없는 신술(神術)과도 같은 것이었다. 이런 앎은 도학서(道學書)나 성리서(性理書)에 대한 궁구만으로 이해되지 않는 학문 영역이었기 때문이다. 해와 달, 별의 차서(次序)와 움직임을 면밀히 살피고,[46] 조수의 움직임과 땅의 결을 이해해야 가능했기 때문이다. 헤진 옷과 짚신을 신고 걸어서 혹은 배를 타고 세상을 누벼야 진작될 수 있는 앎의 세계였다.

이지함의 대표적 기행 가운데 하나인 무쇠 갓[鐵冠]을 쓰고 다녔다는 이야기 역시 궁리의 실천적 태도와 연관된다. 사실 이지함이 철관을 쓰고 다녔는지 여부는 분명치 않다. 오히려 후대에 덧씌워진 이야기일 가능성이 농후하다. 다만 그럴만한 까닭이 있기에 그가 무쇠 갓을 썼던 것으로 덧씌워졌을 것이다.

철관은 애초 어사(御史)가 쓰는 관이었다. 철관은 어사의 존엄과 책무를 나타낸다. 그래서 당(唐)의 대숙륜(戴叔倫)은 "已對鐵冠究事本 不知廷尉念冤無"라고 했다. 이 말은 '무릇 철관 쓴 사람은 일의 근본을 궁구[究事本]해서 알아야 무고한 죄인의 원념이 없게 할 수 있다.'는 의미다. 이지함은 사물의 근본을 실천적으로 궁구하려 했다. 이것은 그가 실제로 철관을 썼던 사실과 무관한 말일 수 있지만,

---

46 우리나라의 성차(星次)와 분야(分野) 이론을 정리한 책으로는 『홍연진결(洪煙眞訣)』이 있는데, 이는 서경덕이 저술하고 이지함이 약간 수정한 것으로 알려졌다. 그는 바다[조수], 지리[풍수] 뿐만 아니라 하늘[천문]에도 깊은 지식을 쌓았다.

그가 철관의 상징적 의미인 철관에 담긴 사물의 이치 궁구와는 긴밀하게 연관되었다. 철관은 이지함의 사물에 대한 철저한 궁구 태도를 상징하고 있다.

실제 철관을 쓰고 다녔다는 인물로 이지함과 유사한 장중(張中)이 있다. 그는 호를 허령자(虛靈子)라 하는데. 성품이 고오(孤傲)하고 완세불공(玩世不恭)하였다. 철관을 쓰고 다니길 좋아하여 철관도인이라 불렸는데, 유백온(劉伯溫)과의 문답 형식으로 이루어진 〈철관수(鐵冠數)〉를 지었다. 〈철관수〉는 세계 질서의 운행과 변화를 수로 추산한 책이다. 예컨대 이원(二元)을 만오천 년으로 추산했으며, 이백칠십겁수가 되면 천지의 운기가 다하며 치란흥망을 겪는다고 하였다. 수를 통한 세계 질서의 체계화를 추구한 셈이니 소옹이나 이지함의 성향과 통한다. 결국 이지함이 무쇠 갓을 쓰고 다녔다는 이야기는 자연 질서와 인사(人事)를 궁리하기 위한 실천적 태도와 그런 학문 세계를 지향했던 사실을 상징하는 것이라 하겠다.

요컨대 이지함의 학문 태도와 학문 세계의 특징에 일반인의 이해 결여는 그를 신비한 인물로 만드는데 일조를 했다. 소옹이 『매화신산(梅花神算)』이란 점술서의 저자라는 것이나, 이지함이 『토정비결』을 운명서를 지었다는 이해도 이런 인식이 낳은 결과다.[47] 그는 그저

---

[47] 이인 면모의 형성을 경세적 측면에서의 살피는 것은 후고를 기한다. 다만 이 역시 그의 학문적 경향이 실천적이고 실효적인 면모, 즉 사상마련(事上磨鍊)과 유관하다고 본다. 대략적인 논의 방향은 필자의 다음 논문을 참고할 수 있다. 전성운, 「아산현감 토정 이지함의 친민 정책과 사상적 배경」, 앞의 책, 2010, 142~146쪽.

세계 질서의 운행과 순환 원리에 깊은 관심을 가졌고 그 관심을 실천했는데, 보통 사람들은 그것을 신비화하여 이해했다.

사람들이 주경(主敬)의 공부태도인 과욕을 기행으로 보았던 것처럼, 그의 학문 세계에 대한 이해의 결여를 철관을 쓰고 다녔다느니 『토정비결』을 지은 예언가라는 말로 상징화하여 받아들인 것이다. 이 역시 이지함이 이인으로 치부된 까닭이며, 설화 속의 이지함이 신선과 연관된 것으로 형상화되는 까닭이라 하겠다.

4. 맺음말

여기에서는 이지함에 대한 온당한 이해를 목적으로 하였다. 탁행의 선비인 이지함이 설화에서 이인(異人), 신선(神仙)으로 형상화되고 있는 까닭을 살피려 했다. 요컨대 한 사람에 대한 인식에 탁행의 선비와 도술을 부리는 신선 사이의 거리가 존재하게 된 원인을 구명하고자 했다.

이지함이 이인으로 형상을 가지게 된 것은, 그에 대한 사람들의 몰이해와 어긋난 인식 때문이었다. 사람들은 이지함을 분명하게 알지 못 하고, 그저 보통 사람과 다른 뛰어난 점이 있다는 것만을 알았다. 그러다보니 그의 외면적 모습에만 주목하여 섣부르게 기행을 일삼는 기화이초(奇花異草)나 진금괴석(珍禽怪石)과 같은 사람으로 여겼다. 그리고 이런 인식은 후대로 갈수록 강화되고 신비화되었다.

이지함과 동시대의 인물인 한무외는 그를 도선의 계맥과 무관한 인물로 이해했다. 그런데 보다 후대의 인물인 홍만종의 경우, 『해동이적』에서 이지함을 도선과 무관치 않은 인물로 취급했다. 그리고 이익은 〈철관행〉이란 작품에서 신선과 같은 인물로 그렸으며, 이규경은 이지함이 『복기문답』의 저자로 스승의 전수 계맥이 명백하지 않은 채 도선의 책에서 산견되는 인물이라고 했다. 이지함은 보통사람과 다른 별난 사람에서 신선으로 변모하여 갔다.

이것은 이지함 관련 일화의 경우에도 비슷한 양상을 보인다. 『석담일기』의 제주 관기를 물리친 이야기나 『박현석사우록』의 상인 아내를 물리친 이야기 등이 『청야담수』나 『동패락송』, 『화헌파수록』 등에서 이르면 도술을 부리고 기괴한 행동을 일삼는 인물의 행동으로 그려진다. 이지함은 후대로 갈수록 오갈 데 없는 도사나 신선으로 형상화되었다.

이지함에 대한 몰이해와 어긋난 인식으로 인한 이인 형상의 고착화 현상은 그가 추구한 학문적 지향이 원인(遠因)으로 작용한 결과다. 그는 보통 사람으로서는 이해할 수 없을 정도로 욕심과 대결을 벌이며 덜어내려 했다. 이른바 과욕(寡欲) 지향과 실천이다. 그런데 욕심을 근본적으로 사유한 사람이 아니라면 그의 행동은 기행이며, 이인이라야 가능한 행동으로 이해되었던 것이다. 게다가 이지함은 사유를 실천함으로써 앎을 진작하려 했다. 이른바 사상마련의 방식을 통한 격물치지의 실천적 행동이다. 그는 남들에게는 이상한 짓으로 비춰지거나 실패로 끝날 것이 분명하다고 해도 그것을 실행에 옮겼다. 실패 역시 앎을 확장하는 한 방법이고, 해보지 않고는 알 수 없기 때문이다. 이지함이 바다를 메우려했던 것이나 토정을 세웠던 것 역시 사상마련을 통한 궁리의 예다.

이지함의 학문적 성향은 북송 성리학자인 소옹의 학문적 실천에 가깝다. 소옹이 상수학을 통해 수로 세계 운행의 질서를 이해하려 했던 것처럼 이지함 역시 그러했다. 그런데 소옹이나 이지함의 학문적 지향을 이해하지 못한 사람들은 그의 학문적 본질을 이해하지 못한 채, 다만 조수의 흐름에 능하며 수의 추산에 뛰어난 인물이라고 여겼다. 철관을 쓰고 다니고 『토정비결』을 지어 미래를 예측한 사람으로 생각한 것이다. 인물에 대한 이해의 결여가 그를 신비화한 셈이다. 이것은 이지함에 대한 적실한 이해가 선행되어야 함을 뜻한다.

이지함에 대한 정확한 이해는 초기 성리학 수용의 다양한 측면에서 고려되어야 한다. 정주학, 이학만이 성리학의 전부는 아니다. 이지함의 실천적 학문 세계에 대한 정밀한 탐구가 이루어져야, 그를 통해 그 시대의 사상적 흐름을 이해할 수 있다. 이것이 향후 진행되어야 할 이지함 연구의 한 영역이라 하겠다.

제 2 부
학문과 경세관

토정(土亭) 이지함의 학문 본령과 사상적 귀착점

최영성

1. 머리말

토정(土亭) 이지함(李之菡: 1517~1578)은 본격적인 성리학 시대를 열었던 목릉성세(穆陵盛世)초기의 인물이다. 그에 대한 평가는 다양하다. 유학자, 성리학자로 보는 이들이 많은 가운데 도선가(道仙家)나 역수(易數)에 정통한 학자로 여기는 이들도 있다. 근자에 들어 평전(評傳)은 물론 소설까지도 나오고 있는데,[1] 대체로 이인(異人)이나 기인(奇人)으로 결론짓는 경우가 많은 것 같다.

토정이 섭렵한 학문의 범위가 넓어 마치 팔색조(八色鳥)와 같은

---

[1] 신병주, 『이지함 평전』, 글항아리, 2008; 김항명, 『토정 이지함』, 교보문고, 2016 등 다수.

모습을 보인 것이 사실이다. 그러나 큰 틀에서 볼 때 토정의 학문은
유가(儒家)의 본령을 잃지 않았다. 더욱이 그는 궁극적으로 경세제
민(經世濟民)에 뜻을 두고 현실 문제에 적극 나섰다. 그를 방외인(方
外人) 정도로 보는 것은 옳지 않다. 또 토정을 매월당(梅月堂) 김시습
(金時習), 북창(北窓) 정염(鄭磏)과 함께 조선의 3대 기인으로 꼽는 것
에 대해서도 선뜻 동의하기가 어렵다. '기인'이라고 할 때『중용』에
나오는 '색은행괴(索隱行怪)', 즉 은벽(隱僻)한 것을 찾고 괴이한 것을
행하는 사람으로 잘못 비쳐질 수 있기 때문이다.

　토정은 평소 저술하는 것을 즐기지 않았다. 그가 남긴 글은『토
정유고(土亭遺藁)』1권이 전부다. 분량이 적다 보니 그의 참모습이
어떤지를 제대로 읽어내기가 쉽지 않다. 토정에 대한 제가(諸家)의
기술(記述)이 적지 않게 전하지만, 역시 토정의 사람됨이라든지 학
문과 사상 등에 대하여 각기 자신들의 관점에서 본 것들이기 때문
에 그대로 준신(遵信)하기는 어렵다. 이런 문제점을 극복하는 것이
이 글에서 일차적으로 유념해야 할 바다. 다만 토정 자신이 남긴 글
과 제가의 기술을 종합하면 '합리적 평가'가 어렵지는 않을 것으로
본다.

　이 글은 토정의 학문 본령과 사상의 대체를 파악하는 데 주안을
두었다. 토정에 대한 세간의 인식을 바로잡는 데 중점을 둘 것이다.
지나칠 정도의 적극적인 평가는 삼가고자 한다.

2. 제가(諸家)의 평을 통해 본 토정의 학문 본령

토정 이지함은 자신이 남긴 글은 적지만 그에 대한 제가의 평은 적지 않다. 일차적으로 토정과 관련한 에피소드가 많고 인품과 학문 본령, 사상 경향 등을 기술한 것들도 있다. 에피소드의 경우 다소 과장된 듯한 것이 없지 않다. 이제 제가의 평 가운데 중요한 것들을 차례지어 논술하기로 한다.

토정은 기이한 행적 때문에 도선가(道仙家)의 한 사람으로 잘못 알려져 있거나 아예 도선가로 인정받기도 한다. 조선 후기의 학자 홍만종(洪萬宗: 1643~1725)은 우리나라 상고대 단군(檀君)으로부터 박혁거세(朴赫居世)·동명왕(東明王) 등을 거쳐 조선의 김시습(金時習)·홍유손(洪裕孫)·정희량(鄭希良)·서경덕·정염·남사고(南師古)·박지화(朴枝華)·이지함·곽재우(郭再祐) 등에 이르기까지, 영이(靈異)한 사적을 남긴 역대 인물들의 전기를 모아『해동이적(海東異蹟)』이란 책을 펴냈는데, 이 가운데 토정이 들어 있다. 이규경(李圭景: 1788~1856)의「도장총설(道藏總說)」에 의하면, 이지함은 조선 단학파(丹學派)의 중요 저술 가운데 하나인『복기문답(服氣問答)』을 남겼다고 한다.[2]

조선 후기의 실학자 성호(星湖) 이익(李瀷: 1681~1763)은 '무쇠 갓에 대한 노래[鐵冠行]'[3]에서 다음과 같이 말하였다.

---

[2] 세간에 알려진『토정비결(土亭祕訣)』과 그것의 원리를 설명한『농아집(聾啞集)』(연세대학교도서관 소장)은 이지함의 성명(盛名)을 가탁한 것이라고 본다. 여기에서는 이를 이지함의 저술로 보지 않았다.

어찌 무쇠 갓으로 요기만 할 수 있을까   豈徒可療飢
구전단 달이면 신선과 통할 수 있으리   九轉待通聖
세상 사람들 다투어 말하길 토정은 신선으로   世人爭道土亭仙
난학 타고 아득한 구름길로 갔다 하네   驂鸞駕鶴雲路迥

세인들이 보는 이지함은 선인(仙人)이었다. 『남명집(南冥集)』의
「남명사우록(南冥師友錄)」에 있는 한 대목을 보자.

선생(토정)이 스스로 말하기를 "나는 천성적으로 추위와 배고픔을 잘
견딘다. 간혹 바위틈에 몸을 붙이고 기숙하면서 며칠 동안 먹지 않아도
아무런 탈이 없다"라고 하였다. (이 말을 듣고) 남명이 장난삼아 "타고
난 기운이 이와 같은데 어찌 선을 배우지 않소이까"라고 하였다. 이에
토정이 얼굴빛을 단정히 하고는 "선생께서는 어찌 사람을 이렇듯 가볍
게 여기십니까"라고 하니, 남명이 웃으면서 사과하였다.[4]

위의 말에 따르면, 토정은 도교에서 말하는 벽곡법(辟穀法), 즉
모든 곡물(穀物)을 먹지 않는 수행법과 관련 있는 사람으로 오해를
받았던 것 같다. 토정이 내한내기(耐寒耐飢)를 잘하는 것이 타고난
기품임을 아는 남명 조식이 선(仙)을 공부하지 그랬느냐고 말한 것
역시 역설적으로 토정을 학선(學仙)하는 인사로 보려는 의중을 내비

---

3 『성호전집』 권8, 「海東樂府」 참조.
4 『土亭遺稿』 卷下, 10b-11a, 「遺事」 "先生自言性能耐寒耐飢, 或寄宿巖石之間,
   數日不食, 別無他恙. 南冥戱之曰:「稟氣如此, 何不學仙?」先生斂容曰:「先生何
   輕人若是?」南冥笑而謝之."

친 것이라 하겠다. 이에 대해 '사람을 가볍게 보지 말라'고 응수하는
토정의 말이 의미심장하다. 자신의 학문 본령이 유가임을 드러낸 것
일 수 있기 때문이다.

　율곡 이이는 토정의 지음(知音)이라 할 만한 사람이다. 그 역시
토정의 학문에 대하여 의문을 가졌던 것 같다. 우선 토정이 비유와
풍자, 해학에 능한 점을 들어 "『장자』와 짝이 될 만한 책을 하나 저
술하기를 바란다"[5]고 하였다. 토정이 농담을 좋아하여 사람들이 그
의 진면목을 헤아리지 못했다고도 하였다.[6] 토정이 해학과 풍자에
능했음은 토정의 말로도 짐작할 수 있다.

　　성현이 하신 일도 꽤 후폐(後弊)를 만들었다. …… 공자께서 병을 핑
　계대고 유비(孺悲)를 만나지 않았던 일, 맹자가 병을 핑계대고 제왕(齊
　王)이 부르는데도 가지 않았던 일 때문에 후세의 선비들이 없는 병도
　있다고 한다. 병을 핑계로 사람을 속이는 것은 게으른 종놈이나 머슴들
　이 하는 짓인데 선비로서 차마 이런 짓을 하면서 공자·맹자가 하던 일
　이라 한다. 이러니 어찌 성현이 하신 일이 후폐가 되지 않았는가.[7]

　　…… 작년에 출현했던 요성(妖星)을 나는 서성(瑞星)이라고 본다. 인
　심과 세상의 도가 극히 퇴폐하여 장차 큰 변이 생길 듯하더니, 그 별이

5　『율곡전서』 권30, 11a-11b, 「경연일기(三)」, 萬曆 6년 戊寅(1578)조 "李之菡見
　珥, 名士多會. 之菡顧左右大言曰: 聖賢所爲, 頗作後弊. 珥笑曰: 有何奇談, 乃至
　於此? 我常願尊丈作一書, 以配莊子."
6　『율곡전서』 권29, 10b, 「경연일기(二)」 萬曆元年癸酉(1573) 5월조 "李之菡, 天
　資寡慾, 於名利聲色澹然也. 有時戲語不莊, 人不能測其蘊也."
7　『율곡전서』 권30, 11a-11b, 「경연일기(三)」, 萬曆 6년 戊寅(1578)조.

나온 뒤로 상하가 모두 두려워하여 인심이 약간 변하였다. 겨우 큰 변은
생기지 않았으니 어찌 서성이 아니겠는가.[8]

이이는 또 토정에게 성리학을 공부하도록 권고하도록 한 바도
있다.

토정의 이인적(異人的) 기질, 면모는 이관명(李觀命: 1661~1733)이
찬한 「시장(諡狀)」에서도 엿볼 수 있다.

> 선생은 타고난 기품이 남달랐다. 극기(克己)의 공부에 힘써 추위와
> 더위, 굶주림과 목마름이 비집고 들어올 수 없었다. 더러는 겨울에 벌
> 거벗은 몸으로 눈 덮인 바위에 앉아 있기도 하고, 한여름에 물을 안 마
> 시는가 하면, 열흘 동안 익힌 음식을 안 먹었다. 수백 리를 걸어도 지친
> 기색을 보이지 않았다.
> 한번은 대지팡이를 짚고 길을 가다가 잠을 잤다. 이때 두 손으로 지
> 팡이를 짚고 몸을 구부리고 고개를 숙인 채 두 발을 벌리고 꼿꼿이 선
> 채로 코를 골았다. 말과 소가 가다가 토정과 부딪히면 뒤로 물러났는데
> 선생은 우뚝한 산처럼 조금도 동요가 없었다.

이관명은 이런 일들을 유가의 극기 공부와 관련지어 말하였다.
이는 토정을 유자(儒者)로 띄우기 위한 포석이다. 그렇지만 세인의
처지에서는 역시 기사(奇士)요 이인(異人)이었을 것이다.

토정은 수리(數理), 수학으로 저명하였다. 한수재(寒水齋) 권상하
(權尙夏: 1641~1721)는 토정을 '해외(海外)의 요부(堯夫: 소옹)'라 하였

---

8 上疏.

다.[9] 소옹의 대저술『황극경세서(皇極經世書)』는 우주 삼라만상의 이치를 수리로 설명해 놓은 책이다. 특히『황극경세서』「관물외편(觀物外篇)」에 보이는 원회운세(元會運世)의 수리(數理) 철학은 우주의 순환주기(循環週期)를 통해 미래를 내다볼 수 있는 선견지명(先見之明)을 얻을 수 있을 뿐만 아니라,[10] 궁극적으로 제왕(帝王)이 나라를 다스리는 표준이 될 만한 지극히 올바른 법, 즉 황극경세의 대법을 얻을 수 있는 것이다. 그러나 수리에 뛰어난 사람들 중에는 잡술(雜術: 方術)로 흐른 사람들이 적지 않았다. 역대로 성리학자들은 이런 류의 학자들을 부정적으로 평가하였다. 조선 말기의 학자 면우(俛宇) 곽종석(郭鍾錫: 1846~1919)은 역대 수학으로 이름을 날린 사람들을 부정적으로 보면서도 특히 토정을 '괴지괴(怪之怪)'라 하였다.

　육예(六藝)의 수는 수의 소학(小學)이요 요부(소강절)의 수는 수의 대학이다. 서로 맞비교할 수가 없다. 우리 동방의 선현 가운데 일두(一蠹) 정여창(鄭汝昌), 화담 서경덕, 토정 이지함은 모두 수학으로 이름을 날렸는데, 화담은 괴이한데 가까웠고, 토정은 더욱 괴이하였다. 일두의 학문은 전하는 것이 없어 고찰할 수가 없다.[11]

9 　『한수재집』권28, 7b,「正言李公(禎億)墓碣銘 并序」"近世土亭先生, 亦海外之堯夫也."
10 　토정의 선견지명은 그의 제자인 중봉(重峯) 조헌(趙憲)에게 이어졌다.
11 　『俛宇文集』권78, 20a,「答鄭純可 小學疑義」"六藝之數, 數之小學, 堯夫之數, 數之大學, 不可相方. 我東先賢如鄭一蠹, 徐花潭, 李土亭並以數學名, 而花潭近恠, 土亭則尤怪. 一蠹之學則無傳也, 不可攷."

곽종석의 말대로라면 토정은 이단의 학문을 한 사람임이 분명하다고 하겠다.

토정을 동방의 소강절이라고 평하는 후학들이 상당하다. 토정이 소강절의 수학은 물론 행동 패턴까지 닮았다는 것이다. 토정을 이른바 '타괴인(打乖人)'으로 보는 시각이다. 타괴인이란 상규에서 벗어난 행동을 하는 사람, 즉 파격을 일삼는 사람을 말한다. 『토정집』의 서문을 쓴 장암(丈巖) 정호(鄭澔: 1648~1736)는 그 서문에서 다음과 같이 말하였다.

내가 선생에 대하여 보건대, 선생은 아마도 소강절의 무리가 아닌가 싶다. 정명도(程明道)가 소요부의 도를 논하여 말기를 "호걸 영웅의 자질을 타고났다. 걸음걸이를 크게 내디디며 앞으로 곧장 나아갔다. 기상이 원대하였으며 모든 이치에 두루 통달하였다"고 하였다. 또 말하기를 "소요부는 말과 행동에 구애받지 않았다", "요부는 곧 예법이 없었고 공손하지 않았다"라고도 하였다. 대개 토정 선생께서 일생토록 수용(需用)한 바는 곧 요부의 타괴법문(打乖法門)이었으니, 세상을 내려다보고 말에 해학(諧謔)을 섞어 썼다. '요사스러운 별이 상서로운 별이다', '게으른 종놈이 병을 핑계댄다'라고 한 말들은, 실로 '생강은 나무에서 난다',[12] '주장(拄杖)을 망각하였다' 등등의 구절과 같은 맥락[機括]이다. 다만 요부는 그 자취를 은미하게 드러냈으나 선생은 지나치게 드러냈다. 이것이 약간의 차이점이다. 만약 전후로 두 분 선생이 세상에 나아

---

12 소강절이 병이 심해져 정이천(程伊川)이 병문안 갔을 때 "그대는 생강이 나무에서 난다고 말하는데, 나도 그대의 말을 따를 수밖에 없다"(你道生薑樹上生, 我亦只得依你說)고 하였다. 이것은 평소 의견이 합치하지 않은 점이 있더라도 상대의 의견을 존중함을 의미한다.

가 쓰임이 있었다면, 비록 세상의 법도를 순전하게 따르지는 않았다 하더라도 어찌 한세상을 경영하는 일에 모자람이 있었겠는가. 사상채(謝上蔡)가 말하기를 "요부는 호걸스러운 인재다. 이것은 풍진시절(風塵時節)에 편패(偏覇: 어느 한쪽으로 치우침)의 수단이 되었다"고 하였는데, 나는 선생께도 이와 같다는 말을 하고 싶다.[13]

이 말은 뜯어보면 속내가 복잡하다. 정호는 토정을 소강절에 견주었다. 특히 타고난 자질, 행동 패턴에 주목하여 그 득실을 논하였다. 정호가 본 두 사람은 공통점이 있었다. 몇 가지로 나누어보겠다. 첫째, 영웅호걸의 자질을 타고났다. 둘째, 그러다 보니 행동에 구속이 없이 자유분방하였다. 이것은 풍진시절을 헤쳐나가는 데 중요한 수단이 되었다. 셋째, 해학을 즐겼다. 이 역시 자기 생각을 남에게 전달하는 방법의 하나였다. 넷째, 강절은 행동을 아주 작게 드러냈지만 토정은 노골적이었다. 다섯째, 시대를 잘 만났다면 일세를 경영하는 데 모자람이 없었을 것이다. 대개 비판적 기조를 띠면서도 '경세'에 대한 역량은 인정한 것이 주목된다.

정호는 위의 말을 하면서, 토정이 일생토록 본으로 삼은 것은 강절의 타괴법문(打乖法門)이라고 하였다. '타괴'는 세상과 어그러지는

---

13 『丈巖集』권23, 4a-4b, 「土亭先生遺藁序」 "以余觀於先生, 其殆卲堯夫之倫歟. 明道論堯夫之道曰: 志豪力雄, 闊步長趨, 凌空厲高, 曲暢旁通. 又曰: 堯夫放曠. 又曰: 堯夫直是無禮不恭. 蓋先生一生所需用, 卽堯夫打乖法門, 傲睨一世, 雜以諧謔. 若其妖星爲瑞星, 及悍奴詐疾之言, 實與生薑樹上生, 忘却拄杖等句語, 同一機括. 但堯夫微露其迹, 而先生太露, 此其小異也. 若使前後二賢, 出爲世用, 雖或不純乎規矩準繩, 而豈不綽綽於經濟一世乎? 謝上蔡謂堯夫直是豪才, 在風塵時節, 便是偏覇手段, 余於先生亦云."

일을 한다는 의미다. 소강절이 자신의 시 〈안락와중호타괴음(安樂窩
中好打乖吟)〉[14]에서 한 말이다. 정호가 타괴법문 운운한 것은 그 역시
토정을 괴기(怪奇)를 좋아하는 사람으로 여긴 듯한 느낌을 주기에
충분하다. 그럼에도 정호의 서문은 『토정유고』 첫머리에 실렸다.

'타괴인'과 관련하여 우암 송시열의 평이 주목된다. 송시열이 경
상도 장기(長鬐)에서 귀양살이하고 있을 때 토정의 후손인 수곡(樹
谷) 이필진(李必晉: 1633~?)이 적거지(謫居地)를 찾아가 문안을 한 뒤
토정을 기리는 시를 요청하였다. 이에 송시열은 다음과 같은 시 한
수를 짓고 그에 대한 풀이까지 덧붙였다.

인간 세상을 벗어난 토정 노선생	出人間世老先生
그 후손을 오늘 귀양지에서 만나다니	玉樹今逢此棘城
주자의 예설 몇 장을 마주 보며 얘기했으니	朱禮數章相對說
당시에 '타괴인'으로 이름한 것이 부끄럽네	却慙當日打乖名

"선배의 말을 들으니, 토정 선생의 언행이 소강절 같은 '파격적인[打
乖]' 면이 있었다고 하는데 '타(打)'는 '행함'이고 '괴(乖)'는 '이상함'이
다. 그러므로 소강절의 시에 '안락한 집 안에서 타괴를 좋아한다'(安樂
窩中好打乖)고 하였다. 명도(明道) 선생이 그 뜻을 거꾸로 해석하여 화
답하기를 '타괴는 몸을 편하게 하려는 것이 아니라네. 도가 커야 비로소
세상의 혼탁함과 섞일 수 있네'(打乖非是要安身, 道大方能混世塵)라고
하였다. 이는 이상한 일을 하는 것을 말하니, 외면을 엄숙하게 하는 것
을 깨뜨린다는 것과 같다. 토정이 그 전에 농사짓고 누에 치는 일을 하

---

14 소옹, 『擊壤集』, 권9 참조.

여 혼탁한 세상과 섞여 살았으니, 어찌 이른바 '도가 큰 것'이겠는가."¹⁵

'打乖非是要安身' 운운한 말은 『이천격양집(伊川擊壤集)』에 나온다. 위의 설명을 보면 소강절에 대한 평가를 놓고 정명도와 정이천의 시각이 현격하였음을 짐작할 수 있다. 송시열은 양립된 평가 중에서 정명도의 견해를 좇았다. 나아가 이를 토정에게도 적용하여, 토정을 타괴인으로 보려는 사람들을 비판하였다. 큰 도를 실현하는 방편이 타괴(파격적 행동)로 나타났다는 정명도 – 송시열의 논리는 토정에 대한 평가에서 큰 힘이 되었던 것 같다.

조선 후기의 학자 정암(正庵) 이현익(李顯益: 1678~1717)에 의하면, 토정은 어렸을 때 화담 서경덕에게 나아가 역(易)을 배웠다고 한다.¹⁶ 그와 서경덕의 관계가 어느 정도였는지 자세히 알 수는 없지만, 학문 경향, 처세관 등 여러 가지를 보면 서경덕으로부터 받은 영향이 컸던 것 같다. 토정의 학문 연원이 서경덕, 더 거슬러 올라가 소강절에게 닿는다면 이것은 토정이 유학을 학문의 근본으로 삼았다는 유력한 증거로 볼 수 있겠다.

토정의 학문 본령이 유학이었음은 『해동명신록(海東名臣錄)』에 나오는 다음의 기술을 통해서도 엿볼 수 있다.

---

15 『송자대전』 권2, 48a-48b, 「土亭李先生之後孫必晉, 來訪於蓬海上, 求余贈甚懇, 終不敢副, 略因嶷望見意」 "蓋聞先輩言, 土亭先生言行, 頗有康節打乖意思. 打爲也, 乖異常也. 故康節詩曰: 安樂窩中好打乖. 明道先生, 反其意和之曰: 打乖非是要安身, 道大方能混世塵. 此謂打去異常之事也, 若云破崖岸也. 土亭先時, 亦雜作於農桑, 以混世塵, 豈所謂道大者耶."
16 『正菴集』 권14, 28b, 「自警說」 "李土亭妙歲, 受易於花潭."

고청(孤靑) 서기(徐起: 1523~1591)는 백가중기(百家衆技)에 섭렵하지 않은 것이 없었다. 선학(禪學)을 더욱 사모하였다. 그러다가 **20여 세에 이지함을 만나 비로소 유학의 바름을 알고 전에 배운 것을 다 버리고 이지함을 좇았다**. 이지함과 사방을 두루 유람하여 아무리 멀어도 가지 않은 곳이 없었다. 한라산에 올라갔다가 돌아오자 이지함이 이중호(李仲虎: 履素齋)의 문하에 나아가 배우도록 하였다.

서기는 본래 심충겸(沈忠謙)의 사노(私奴)였다. 어려서부터 총명이 과인(過人)하여 제자백가와 중기(衆技)의 설에 통달하였고 선학(禪學)을 더욱 좋아하였다. 20세 때 보령에 있던 토정 이지함을 사사(師事)하면서 유도(儒道)가 바른길임을 깨달아 구오(舊誤)를 청산하고 유학으로 돌아왔다. 서기가 김굉필 - 유우(柳藕) - 이중호로 이어지는 성리학의 적통을 잇게 된 배경에 토정이 있었음은 주목해야 할 사실이라 하겠다.

조선 후기 한학사대가(漢學四大家)의 한 사람인 택당(澤堂) 이식(李植: 1584~1647)은 선유(先儒)들에 대한 촌철살인(寸鐵殺人)의 단평(短評), 적평(適評)으로 유명하다. 토정에 대한 그의 평을 보자.

청풍(淸風) 이지번(李之蕃)과 그의 아우인 토정 이지함은 둔세(遯世)의 뜻을 품고 은거하였다. 본래는 그들에게 학술이라고 할 만한 것이 없었다. 그런데 퇴계가 그들의 풍도를 높이 평가하고서 벗을 삼아 조금씩 성리(性理)에 대한 학설을 들려주자, 두 분이 모두 이를 믿고서 따른 결과 자못 학문에 대한 힘을 갖추었다. 이 때문에 이단으로 흘러 들어가지 않게 되었다. 토정은 행적이 너무도 괴이해서 알기 어려운 점이 있다. 그렇지만 효우(孝友)의 진실한 행동이 있었을 뿐만 아니라, 나아가

한 시대를 걱정하고 고달픈 민생(民生)을 애달프게 여겼던 인사였다.[17]

이식은 토정의 학문에 대해 볼 만한 것이 없다고 평가절하 하였다. 다만 그가 이단으로 빠지지 않았다는 점은 인정하면서 이를 퇴계 이황의 공으로 돌렸다.[18] 그리고 토정의 일생 사업을 '효우행실(孝友實行), 우시민속(憂時憫俗)' 여덟 글자로 요약하였다. 평가가 박하기는 하지만 토정의 학문 본령이 유학 – 성리학이었다는 점을 확실히 해둔 것은 의미가 있다고 본다.

3. 사상적 귀착점과 그 의미

토정의 사상은 '청심과욕(淸心寡欲)'으로부터 풀어나갈 수 있을 것 같다. 이 네 글자는 토정사상의 핵심[肯綮]이라고 할 만하다. 토정을 가장 잘 아는 사람 가운데 하나인 율곡 이이는 『경연일기』에서 토정에 대해 "맑은 마음에 욕심이 적어 명리(名利)나 성색(聲色)에 담담하였다"라고 하였다. 이로부터 마음을 맑게 하고 욕심을 적게 하

17　『澤堂別集』권15, 16b, 「追錄」 "李淸風之蕃, 土亭之菡, 遯世高棲. 本無學術, 退溪高其風而友之, 稍以性理之說開之, 二公皆信向, 頗有學力, 故不流於異端. 土亭行己詭異, 有難知者. 然有孝友實行, 憂時憫俗之士也."

18　이황과의 관련성은 별도의 논문이 필요할 정도로 간단하지 않다. 토정과 이황 사이에 이황의 문인 황준량(黃俊良)이 있다.

는, '청심과욕'이 토정의 수양론을 대표하는 일편안목(一篇眼目)이
되었다. 또 이런 견해는 이이로부터 조헌(趙憲)을 거쳐 송시열에 이
르렀다. 송시열은 「토정유고 발」에서 다음과 같이 말하였다.

> …… 그 근본을 따져 보면, 모두 마음을 맑게 하고 욕심을 적게 한 데
> 서 나온 것이다. 아, 세도(世道)가 쇠미(衰微)하고 사람들이 이욕을 다
> 투는 이때 이 '청심과욕' 네 글자를 이 책을 통해 세상에 밝혀서, 배움에
> 뜻을 둔 사람이 맛난 음식과 호화로운 생활에서 얽매이지 않는다면, 격
> 물치지(格物致知), 존심양성(存心養性)하고 실천을 확충함으로써 고명
> 광대(高明光大)한 지경에 날로 이르게 될 것이다. ……[19]

'청심과욕'은 적어도 율곡학파가 보는 토정의 사상적 핵심이라
해도 과언이 아니다.

토정이 과욕의 일생을 살았음은 여러 기록이 증명한다. 그 가운
데 한 가지만 소개 하기로 한다.

> 토정은 자손들을 가르칠 때 여색(女色)을 가장 경계하라고 하면서
> "이 점을 엄히 단속하지 않으면, 나머지는 볼 것도 없다"라고 하였다.
> 그는 일찍이 제주도에 갔었다. 목사는 그가 온다는 말을 듣고 객관을
> 비워 두고 기다렸다. 예쁜 기생을 뽑아 수청 들게 하면서 "이공에게 총
> 애를 얻으면 창고 곡식을 다 상으로 주겠다"고 하였다. 토정의 사람됨

---

19 『송자대전』 권148, 32a, 「土亭先生遺稿跋」 "…… 而遡其本, 則皆自淸心寡欲中流
出矣. 噫! 世衰道微, 利欲紛挐, 惟此四字, 由是而明於世, 使有志於學者, 卓然不
累於臭味醑豢之中, 則可以格致存養, 踐履擴充, 日臻乎高明廣大之域矣."

을 특이하게 여긴 기생이 반드시 그의 정신을 쏙 빼놓고자 하였으나 끝
내 뜻을 이루지 못하였다. 이에 목사가 토정을 더욱 공경하고 소중하게
여겼다. (이관명, 「諡狀」)

여기서 토정의 정력(定力)을 말하지 않을 수 없겠다. 정력이란 오
랜 정신 수양을 통해 얻게 되는 힘을 말한다.

토정은 글을 아주 적게 남겼다. 그 가운데 「과욕설(寡欲說)」이 들
어 있다. 분량이 짧으므로 그 전문을 보기로 한다.

　　맹자는 "마음을 수양하는 데 욕심을 적게 하는 것보다 더 좋은 것이
없다"라고 하였다. 적게 한다는 것은 결국 없게 한다는 의미다. 적게
시작하여 계속 적게 하여 과(寡)마저 없는 단계에 이르면[20] 마음이 텅
비어 신령해진다. 신령한 비춤이 밝음이고, 밝음의 본질이 성(誠)이며,
성의 도(道)가 중(中)이고 중이 발하여 화(和)가 된다. 중과 화는 공(公)
의 아버지요, 삶의 어머니이다. 간곡하고 지극함으로 말하면 그 안이
없고, 넓고 큼으로 말하면 그 밖도 없다. 밖이 있다는 것은 결국 작게
한다는 것이니, 작게 시작하여 계속 작게 만든다. 형기(形氣)에 얽매이
면 내가 있는 줄만 알고 남이 있는 줄을 모르며, 남이 있는 줄은 알아도
도가 있는 줄은 알지 못한다. 물욕에 번갈아 가려지면 본성을 해치는
것이 많아져서 욕심을 적게 하려고 해도 할 수 없다. 그러니 욕심이 없
기를 바랄 수가 있겠는가. 맹자께서 말씀하신 취지가 심원하기도 하다.

20　이것은 『노자』 제4장에서 "배우면 지식이 날로 늘어나지만, 도를 행하면 욕심이
　　날로 줄어들 것이다. 덜고 또 덜면 무위(無爲)에 이르니, 인위적으로 함이 없으
　　면서도 하지 않는 것이 없다"(爲學日益, 爲道日損. 損之又損之, 以至於無爲. 無
　　爲而無不爲矣)고 한 말을 연상하게 한다.

　　孟子曰: 養心莫善於寡欲. 寡者無之, 始寡而又寡, 至於無寡, 則心虛
而靈. 靈之照爲明, 明之實爲誠, 誠之道爲中, 中之發爲和. 中和者, 公之
父, 生之母. 肫肫乎無內, 浩浩乎無外. 有外者小之, 始小而又小. 梏於形
氣, 則知有我而不知有人, 知有人而不知有道. 物欲交蔽, 戕賊者衆, 欲寡
不得, 況望其無. 孟子立言之旨, 遠矣哉.

　　욕심을 적게 한다는 '과욕'은 유가의 전유물은 아니다. 『노자』제
19장에도 '소사과욕(少私寡欲)'이란 말이 있다. 『노자』에서 이상적인
인간상을 드러내는 말 가운데 과욕(寡欲)은 무위(無爲)·유약(柔弱)·
거하(居下)·부쟁(不爭)·주정(主靜) 등과 함께 중요한 개념을 차지한
다. 불교에서는 과욕이 아닌 무욕(無欲)을 강조한다. 불교의 지향점
은 무욕·무심(無心)·무아(無我)이다. 토정은 맹자가 말한 '양심막여
과욕(養心莫如寡欲)'을 수양의 대강령으로 내세우면서도, 과욕에서
그치지 않고 무욕까지 바라보았다. 여기서 그의 지향점을 읽을 수
있겠다.
　　과욕, 무욕에 대한 토정의 입장, 생활 태도와 관련하여 일화 하나
를 소개하기로 한다. 토정과 절친인 이이가 『경연일기』에서 말한
내용이다.

　　이이가 토정에게 성리학에 종사할 것을 권하였다. 이지함이 말하기
를 "나는 욕심이 많아서 성리학을 못한다"라 하였다. 이이가 말하기를
"존장(尊丈)께서는 명리(名利)와 성색(聲色)을 좋아하지 않으신데 무슨
욕심이 있어 학문에 방해가 되겠습니까?"라고 하니, 이지함이 말하기를
"명리와 성색만 욕심이겠는가. 마음이 가는 곳은 천리(天理)가 아니면

모두 인욕이다. 내가 스스로 방종하는 것을 좋아하여 승묵(繩墨:규칙)
으로 단속하지 못하니 이것은 물욕이 아닌가"라 하였다.[21]

토정의 욕망관을 단적으로 엿볼 수 있는 중요한 단서라 하겠다.
약 20년가량 연하인 이이가 성리학을 권면하는 태도에서 선배를 약
간 하시(下視)하는 듯한 모습이 드러난다. 그러나 토정은 이에 아랑
곳하지 않고 자신을 낮추는 가운데 엄격한 욕망관을 내세워 젊은
이이를 어색하고 멋쩍게 만들었다. 정공법 대신 우회법을 택한 토정
의 고수다운 면모다.

위 「과욕설」은 인욕을 막고 천리를 보존하자는 뜻 아님이 없다.
성리학에서 수양론으로 제시하는 '존천리(存天理) 알인욕(遏人欲)'
바로 그것이다. 또 토정의 소설(小說)에 보면 "악한 범은 사람의 작
은 몸을 엿보고 사특한 생각은 사람의 큰 몸을 먹어 들어간다. 그런
데 사람들은 악한 범은 무서워하고 사특한 생각은 무서워하지 않으
니 어찌 된 일인가?"라고 하였다 한다.[22] 여기서 토정의 학문 본령
이 유가임은 물론이요, 성리학의 수양론에 기반을 두었음을 알 수
있다.

장암 정호는 「토정유고 서」에서 "토정의 「차도정절귀거래사(次陶
靖節歸去來辭)」와 「과욕설」에서 존심양성(存心養性)의 단서를 볼 수

---

21 『율곡전서』 권30, 17a, 「경연일기(三)」, 萬曆 6년 戊寅(1578)조 참조. 이와 비슷
　한 내용이 『선조수정실록』, 11년(1578) 7월 1일 庚戌條에도 실렸다.
22 鄭弘溟, 『畸翁漫筆』 "土亭小說云: 惡虎窺人之小體, 邪思蝕人之大體, 人畏惡虎,
　而不畏邪思, 何耶?"

있다"고 하였다. 「차도정절귀거래사」는 도잠(陶潛)의 「귀거래사(歸
去來辭)」를 본받아 지은 것이다. 핵심 주제어를 사자성어로 말하자
면 ① 종심소호(從心所好), ② 안빈낙도(安貧樂道), ③ 천리중도(踐履
中途), ④ 견기퇴휴(見幾退休), ⑤ 부지불온(不知不慍), ⑥ 내성불구
(內省不疚)를 꼽을 수 있을 것 같다. 토정은 마음이 몸에게 사역을
당하는[心爲形役] 것을 크게 경계하면서, 밖으로 달리는 것보다 안
으로 파고들어 인간의 내면적 본질을 추구함으로써 인성(人性)의 영
원성을 포착해 보려 하였다. 가다가 노장사상과 기맥이 통하는 부분
도 없지는 않지만, 끝내 유가의 정신으로 확고하게 마무리 지었다.

'중도를 밟겠다[踐履中途]'고 선언한 것이 주목된다. 너무 깨끗한
진중자처럼 결벽(潔癖)도 달갑지 않지만, 계씨(季氏)의 가신(家臣)이
었던 염구(冉求)의 부유함도 부럽지 않다고 한 데서 토정의 학문과
사상의 본령을 읽을 수 있다. 다소 긴 편이나 독자의 이해를 위해
전문을 번역하여 싣는다.

돌아가련다	歸去來兮
넓고 큰 집(仁)으로 어찌 돌아가지 않으랴	安宅恢恢胡不歸
애초부터 마음이 몸에게 부림을 당하지 않았으니	初不是心爲形役
다시 무엇을 기뻐하고 무엇을 슬퍼하리오	復何喜而何悲
남쪽으로 깃발을 내건들 누가 막을 것이며	南余旆兮孰拒
북쪽으로 수레를 돌린들 누가 뒤쫓으리오마는	北余轅兮誰追
귀로는 그 헐뜯고 칭찬하는 말 듣지 않고	耳不聞其毀譽
입으로는 그 시비하는 말을 하지 않으려다	口不言其是非
솜옷이 따뜻함을 잘 알고 있거늘	知蘊袍之且煖

또 무엇 때문에 비단옷을 부러워하랴   又何羨乎錦衣

넓고 넓은 큰길을 따라가면서   遵大路之蕩蕩

희미하지 않는 이 해 빛나게 하련다   曜此日之不微

저 서울 밖을 바라보니   瞻彼中郊

새가 날고 길짐승들 뛰는구나   鳥飛獸奔

깊은 산을 집으로 삼고   深山爲屋

계곡을 문으로 삼으니   溪谷爲門

들고 나는 것이 한가로운데   出入閑閑

타고난 본성 아직 남아 있네   所性猶存

배고프면 나무 열매를 따 먹고   饑食木實

목마르면 웅덩이 고인 물도 마시리   渴飮汙樽

밭에 새가 있어도 내버려 두는 것은   田有禽兮不與

짐승 가운데 원헌과 안회[23]이기 때문이라   鳥獸中之原顔

어찌 가장 신령한 존재가 몽매해져서   何最靈之反昧

솥 안에 들어 앉아 자신을 편히 여기나   入鼎鑊而自安

내가 내 자신을 속이지 않는다면   我不欺乎我身

누가 빨리 나를 저승으로 이끌겠나   誰速我乎鬼關

몸의 온갖 곳이 쾌적하지만   有百體而快適

여자처럼 엿보는 게 부끄럽네[24]   愧女子之闚觀

---

23 원헌(原憲)과 안회(顔回)는 가난한 사람의 대명사로 일컬어진다. 둘 다 공자의 뛰어난 제자로 몹시 곤궁한 속에서도 안빈낙도하는 삶을 살았다고 한다.

24 『주역』, 「관괘(觀卦)」, 육이(六二)의 "육이는 엿봄이다. 여자의 정함이 이롭다" (六二, 闚觀, 利女貞)고 한 데서 나온 말. 여자는 음유(陰柔)이니 안에 있으면서 밖을 엿보는 것이 정도(正道)이지만, 군자가 양강중정(陽剛中正)한 대도(大道) 를 보지 못하고 겨우 그 방불한 것을 엿봄은 부끄러운 일이라는 말이다.

광활하고도 심원한 천지를 보면서   瞰天地之闊遠
오가는 흰 구름에 미소짓는다   笑白雲之往還
소보는 무슨 일로 요임금을 피하였고   巢何爲乎避堯
관중은 어찌하여 환공을 섬겼던고   管何爲乎事桓

돌아가련다   歸去來兮
중도(中途)를 밟으며 실컷 놀리라   履中途而優游
진중자[25]의 가난도 달갑지 않고   貧不屑乎仲子
염구의 부유함도 부럽지 않네   富不屑乎冉求
맛난 술과 맛있는 안주는 없어도   無旨酒與佳肴
늘 즐기며 근심을 잊을 수 있다네   可娛樂而忘憂

눈으로 보고도 오곡을 가리지 못하면   視不分於五穀
농삿일에 종사하는 건 어렵지 않을까   難從事乎西疇
아득한 푸른 바다 위에   茫茫滄海
까마득한 한 척의 배   渺渺孤舟
구름 새로 보이는 중국을 가리키기도 하고   指雲間之華夏
태양 아래 있는 청구 땅을 바라보기도 하네   望日下之靑丘
내 마음으로 좋아하는 바를 따라   從吾心之所好
타고난 천성대로 두루 떠돌며 즐기고   樂天放而周流
장차 바람과 파도가 일어날 것을 알아   見風濤之將起
고향에 돌아와 때때로 쉬련다   返故園而時休

---

25 진중자(陳仲子)는 중국 전국시대 제(齊)나라 사람이다. 지나칠 정도의 결벽(潔
    癖)으로 유명하다. 『맹자』 「등문공(滕文公) 하」, 『사기』 권83, 「추양열전(鄒陽
    列傳)」 참조.

어쩔 수가 없단 말인가	已矣乎
태평성대가 어느 시절이었던가	泰和雍熙間何時
빠르게 흐르는 세월 나를 기다려주지 않은데	隙駒其過不我留
알아주지 않아도 성내지 않을 사람 누구일까	不知不慍孰能之
도연명의 거문고는 본디 줄이 없는데	陶琴本無絃
누가 종자기가 될 것인가	誰爲鍾子期
단전에다 곡식을 심은 사람	芸丹田之黍稷
김매고 가꾸는 걸 게을리하랴	玆不怠乎耘耔
「순전(舜典)」·「우전(禹典)」 궁구하면서	書窮姚姒之書
「상송(商頌)」·「주송(周頌)」 읊으리라	詩詠子姬之詩
이 마음을 내 마음으로 하면 잘못될 리 없으리니	心此心而不疚
귀신에게 물어도 의심할 게 없으리라	質諸鬼神而無疑

한편, 토정의 조카로 토정에게 많은 영향을 받았던[26] 이산해(李山海: 1539~1609)는 「숙부묘갈명」에서 "그 학문은 경(敬)을 주로 하여 이치를 궁구하고 실천을 독실히 하는 것을 우선으로 삼았다. 천문·지리·의약(醫藥)·복서(卜筮)·율려(律呂)·산수(算數)·지음(知音)·관형(觀形) 같은 잡술(雜術) 역시 깊이 이해하고 널리 통달하였지만, 이는 그 부수적인 것일 뿐이었다"라고 하였다. 이는 필시 근거가 있을 것으로 믿는다. 또 토정이 '의리를 논하고 시비를 분별함에 유형을 짓고 세밀히 분석하는 능력이 탁월하다'고 함은 성리학의 이론에

---

26 이산해, 『鵝溪遺稿』 권6, 22b, 「叔父墓碣銘」 "未嘗負笈從師, 學于家庭. 雖未有薰陶成就之效, 而其所以維持門戶, 不至陷於罪惡者, 皆叔父之賜也."

밝았음을 시사하는 바라 하겠다.[27] '주경궁리(主敬窮理), 천리독실(踐
履篤實)' 여덟 글자는 토정이 유학자 – 성리학자임을 절로 드러내는
말이라 하겠다. '주경궁리'에 관련된 직접적인 증거들을 제시할 수
없음이 아쉽지만, 가장 가까운 거리에서 토정을 지켜보았던 가질(家
姪)의 증언이라는 점에서 가치가 높다고 하지 않을 수 없다.

「과욕설」과 함께 병칭되는 것이 「대인설(大人說)」이다. 토정의 후
손인 이장찬(李章贊: 1794~1860)은 이 두 글을 도해(圖解)하여 많은
사람이 그 내용을 쉽게 알 수 있도록 하였다.[28] 「대인설」의 전문을
보자.

> 사람마다 네 가지 소원이 있다. 안으로는 영적 능력이 있고 의지가
> 강하기를 바라며, 밖으로는 부자가 되고 귀인이 되기를 원한다. 가장
> 부자는 욕심을 안 내는 사람이요, 최고의 귀인은 벼슬을 하지 않는 사람
> 이요, 제일 강한 사람은 다투지 않는 사람이요, 가장 신령한 사람은 지
> 적 욕구가 생기지 않는 경지에 이른 사람이다. 그러나 지적 욕구가 생기
> 지 않는데도 신령하지 못한 경우는 아무것도 모르는 어리석은 사람의
> 경우가 그렇고, 경쟁심을 접었는데도 강하지 못한 경우는 의지가 굳세
> 지 못한 사람의 경우가 그렇고, 부질없는 욕망을 버렸는데도 부유하지
> 못한 경우는 빈궁한 사람의 경우가 그렇고, 벼슬을 안 하는데도 귀한
> 대접을 받지 못하는 경우는 미천한 사람의 경우가 그렇다. 지적 욕구가
> 없으면서도 신령하고, 경쟁심이 없으면서도 강하며, 재물을 탐하지 않

---

27 上소 "爲學, 常以主敬窮理, 踐履篤實爲先. 常曰: 聖可學而能, 唯患暴棄不爲耳.
其於論義理卞是非也, 光明俊偉, 通暢發越, 引物連類, 毫分縷析. 使人人聳聽歆
服, 而昏者明, 惑者解, 醉者醒."

28 이장찬, 『藕隱集』 권2, 「土亭先祖大人說, 寡欲說圖解」 참조.

고도 부유하며, 벼슬하지 않고도 귀한 경우는 대인(大人)만이 그럴 수
있다.[29]

일종의 처세훈(處世訓)이라 할 수 있는데. 이 역시 수양론의 차원
에서 접근할 수 있을 듯하다. 여기서 영(靈)과 강(强)은 내면적(정신
적)인 것이고 부(富)와 귀(貴)는 외면적(물질적)인 것이다. 토정은 정
신적 측면만 추구하고 물질적 측면을 낮추어보는 그런 사상의 소유
자가 아니었다. 그는 혼우(昏愚)·나약(懦弱)·빈궁(貧窮)·미천(微賤)
을 경계하였다. 또 이것은 사람의 노력 여하에 따라 바꿀 수 있다
고 보았다. 토정은 처세와 수양에서 최고의 경지를 부작(不爵)·불
욕(不欲)·부쟁(不爭)·부지(不知)의 '사불(四不)'로 보았다. 권력과 명
예에 대한 미련을 끊고, 재물에 대한 욕심을 끊고, 남과 겨루어 이
기거나 앞서려는 경쟁심을 끊고, 부질없는 지적 욕구를 끊으라는 것
이다.[30] 이 네 가지를 할 수 있는 사람이 대인(大人)이라고 하였다.
　여기서 대인은 참된 도를 깨달은 진인(眞人)이요 더 이상의 경지
에 오를 것이 없는 지인(至人)이다. '진인'과 '지인'은 유가에서 사용
하는 말이 아니다. 그가 노·불에 대한 오해를 피해 '대인'이라 했는
지도 모르겠다. 그런데 앞서 말한 '사불', 즉 ① 貴莫貴於不爵, ②

29　『토정유고』卷上, 2a-2b, 「大人說」"人有四願. 內願靈强, 外願富貴. 貴莫貴於不
　　爵, 富莫富於不欲. 强莫强於不爭, 靈莫靈於不知. 然而不知而不靈, 昏愚者有之.
　　不爭而不强, 懦弱者有之. 不欲而不富, 貧窮者有之. 不爵而不貴, 微賤者有之. 不
　　知而能靈, 不爭而能强, 不欲而能富, 不爵而能貴, 惟大人能之."
30　이 네 가지에는 '자신을 스스로 높이는' 자존의식(自尊意識)이 그 밑바탕에 깔려
　　있다.

富莫富於不欲, ③ 强莫强於不爭, ④ 靈莫靈於不知 네 가지를 음미
해보면, 도가적 체취가 풍긴다. 「과욕설」이 유가사상에 무게 중심
이 있다면 이 「대인설」은 도가사상에서 일부 영향을 받은 것으로
보인다. 이에 대해서는 앞으로 더 검토가 필요하다고 본다.

끝으로 토정의 경세의식에 대해 간략히 살피고자 한다. 토정의
경세적 역량에 대해서는 중봉 조헌이 높이 평가하여 마지않았다. 토
정의 경세론은 16세기 성리학적 풍토와는 상당히 거리가 있는 것으
로 비칠 수 있다.[31] 덕본재말(德本財末)의 사상 풍토에서 재화(財貨)
의 중요성을 강조한 점이라든지, 양반도 상업에 종사할 수 있다면서
몸소 본을 보였던 점, 걸인청(乞人廳)을 만들어 빈민구제에 앞장서
고 나아가 사회복지의 중요성을 부각한 점 등은 파격이라 할 수 있
다. 경세론과 경세의식의 자세한 내용은 별고(別稿)를 통해 밝혀야
할 줄로 안다. 여기서는 토정의 학문 본령이 유학 – 성리학이라는
점, 경세 역량과 경세론은 그 점을 뒷받침하는 중요한 부문이라는
점을 강조하는 데서 그치고자 한다.

토정은 일세를 경영할 만한 능력을 갖추었으나 지방의 군현을 다
스리는 것으로 만족해야 했다. 시절이 그러했다. 그는 고을살이를
하면서 애민정신으로 주를 삼아 백성에게 해가 되는 것을 없애고
폐단을 제거하는 것을 제일의 책무로 여겼다. 그는 항상 다음과 같
이 말했다고 한다.

---

31 토정의 경세론을 엿볼 수 있는 제1차 자료로 「포천 현감으로 있을 때 올린 상소
(莅抱川時上疏)」와 「아산 현감으로 있을 때 폐단을 진달한 상소(莅牙山時陳弊上
疏)」가 있다.

　　내가 사방 1백 리 되는 고을을 얻어서 정치를 하면, 가난한 백성을 부자로 만들고 야박한 풍속을 돈독하게 만들고, 어지러운 정치를 잘 다스려지게 하여 나라의 보장(保障)으로 만들 수 있을 것이다.[32]

　토정의 소박한 소원이면서도 겸사 속에 자신의 본심을 어느 정도 드러낸 것으로 이해할 수 있다. 이것은 토정이 포천현감으로 있을 때 조정에 올린 상소에서도 엿볼 수 있다.

　　해동청(海東靑)은 천하의 좋은 매이지만 새벽을 알리는 일을 맡게 한다면 늙은 닭만 못하고, 한혈구(汗血駒)는 천하의 좋은 말이지만 쥐를 잡게 한다면 늙은 고양이만 못할 것입니다. 하물며 닭에게 사냥을 하게 할 수 있으며, 고양이에게 수레를 끌게 할 수 있겠습니까.[33]

　널리 알려진 격언이다. 이 말은 훌륭한 인재를 찾아 적재적소에 등용하는 문제를 원론적으로 논한 것이다. 그렇지만 그 이면에서 토정이 자신을 해동청이나 한혈구에 빗대려 했음을 읽을 수 있다. 은근한 자부심이 깔려 있다. 세상에서 토정을 제갈량(諸葛亮)에 비유하는 사람이 나오는 것도 무리는 아니라고 하겠다.

　이제 문제가 되는 율곡 이이의 평을 보자

　　전에 김계휘(金繼輝)가 이이에게 묻기를 "형중(馨仲: 이지함)은 어떤

32　『선조수정실록』, 7년(1574) 8월 1일 壬寅條 참조.
33　『토정유고』 卷上, 「莅抱川時上疏」 "海東靑, 天下之良鷹也. 使之司晨, 則曾老鷄之不若矣. 汗血駒, 天下之良馬也, 使之捕鼠, 則曾老猫之不若矣."

사람인가? 누가 제갈량에게 비하던데 과연 어떤가?"라 하였다. 이이가
답하기를 "토정은 딱 맞게 쓰일[適用] 인재가 아닙니다. 어찌 제갈량에
게 비하겠습니까. 물건에 비유하자면 기화이초(奇花異草)와 진금괴석
(珍禽怪石) 같습니다. 삼베와 비단[布帛], 콩과 조[菽粟] 같은 생활필수
품은 아닙니다."라 하였다. 이지함이 이 말을 듣고 웃으며 "내가 비록
콩과 조는 아니지만 도토리나 밤 등속은 못 되랴. 어찌 전혀 쓸 곳이
없단 말인가"라 하였다. 대개 이지함이 내구성(耐久性)이 없어 일을 하
는 데 시작은 있으나 끝이 없는 일이 많아 오래 일할 만한 재목이 못
되었으며, 또 기이한 것을 좋아하고 상도(常道)로 일을 이루려는 사람
이 아니므로 이이의 말이 이러하였다.[34]

토정이 인정한 후배는 기실 율곡 이이 한 사람뿐이었다. 토정은
매번 이이에게 조정을 떠나지 말고 계속 벼슬을 하라고 권유하곤
하였다. 그러나 정작 이이 자신은 토정을 방외(方外)의 인물로 치부
하였다. 한 마디로 귀하기는 하지만 쓸모가 없다는 것이다.[35] '가귀
이무소용(可貴而無所用)' 이것이 이이가 보는 토정의 존재감이다.

이이의 제자인 중봉 조헌은 토정에게 올린 제문에서 "아아, 세상
을 경영할 의지가 끝이 났고, 영재를 기를 계책도 영원히 바랄 수
없게 되었습니다"며 슬퍼하였다.[36] 보령 가는 도중에 토정을 생각하

---

34 『율곡전서』 권30, 17b, 「경연일기(三)」, 萬曆 6년 戊寅(1578)조 "金繼輝問李珥
曰: '馨仲何如人? 或比於諸葛亮何如?' 珥曰: 土亭(之菡軒號)非適用之才, 豈可比
於諸葛亮乎. 比之於物, 則是奇花異草珍禽怪石, 非布帛菽粟也. 之菡聞之, 笑曰:
我雖非菽粟, 亦是橡栗之類, 豈是專無用處乎. 蓋之菡性不耐久, 作事多有始無終,
非可久之才. 且好奇, 非循常成事者, 故珥語云然.

35 『澤堂別集』 권15, 17a-17b, 「追錄」 "土亭之所許, 唯栗谷. 每勸以勿去朝從仕. 栗
谷則以土亭爲方外人, 可貴而無所用."

면서 "어쩔거나, 누가 백성을 구제할 방책을 진헌(進獻)할까"라고 안타까워했다.[37] 조헌의 개혁사상에 끼친 토정의 영향을 가늠할 수 있는 대목이다.

이에 비해 송시열은 토정의 학문과 사상의 화두를 '청심과욕' 넉 자로 보고 이를 성리학의 테두리 안에서 인정하였다. 그렇지만 토정의 경세적 역량에 대해서는 회의적으로 보았다. 그는 이이가 토정을 '기화이초'라 한 것에 대해 정말 적확한 표현이라고 칭송하였다.

> 세상에서 선생(토정)을 일컫는 이가 혹 기괴(奇怪)한 유(類)에 가깝다고 한다. 이는 아마도 선생의 재주가 높고 기질이 맑아서 항상 사물 밖에 초탈하거나, 혹은 입을 것과 먹을 것[布帛菽粟] 일상생활에서의 법도[規矩準繩]에 구속받지 않았으므로, 선생을 모르는 이가 은(銀)을 철(鐵)이라고 말하는 것과 같다. 오직 율곡 선생이 선생을 기화이초에 비유하였으니, 어찌 꼭 맞는 말이 아니겠는가.[38]

위 말의 요지는 '환은작철(喚銀作鐵)' 격으로 토정의 위상을 낮추어보는 사람들을 비판하는 데 초점이 있다.

그러나 이에 대해 장암 정호가 반론을 폈다. 토정은 경세를 담당

---

36 『重峯集』권13, 16a, 「祭土亭先生文」"經世之志, 嗚呼已矣, 育英之計, 永不可冀."

37 『土亭遺事』卷下, 「保寧途中, 憶土亭先生」"碩人千里昔同遊, 期我終身少過尤. 今日重來思不見, 可憐誰進濟民謀."(조헌)

38 『송자대전』권148, 31b-32a, 「土亭先生遺稿跋」"世之稱先生者, 或涉於恢詭之流, 豈先生才高氣清, 常超然於事物之外, 或不純於布帛菽粟與規矩準繩. 故不知者, 喚銀作鐵歟. 惟栗谷先生, 比先生於奇花異草, 豈不著題矣乎."

할 유용한 인재라는 것이다.

세상에서 선생(토정)을 평가하는 사람들은 단지 율곡이 말씀하신 '기
화이초(奇花異草)'의 비유를 가지고 '선생으로 말하자면 고상하기는 고
상하고 기이하기는 기이하다'고 하면서 선생이 적재적소에 쓰일 인재가
아니라고 의심을 한다. 그러나 이것은 그렇지 않다. 율곡의 이른바 '기
화요초'는 특별히 선생의 거친 행적에 근거하여 논한 것일 뿐이다.[39]

이이가 말한 기화요초를 흔한 무쇠가 아닌 은이라는 의미로 받아
들이는가 하면, 한편에서는 거친 행적으로 이해하는 일이 벌어졌
다. 이이의 말은 달리 해석할 여지가 별로 없다. 그럼에도 '기화요
초'란 말을 두고 이처럼 다른 해석이 나오는 것은, 토정의 경세적
역량을 평가하는 문제와 직결되어 있기 때문이다. 필자는 조헌과 정
호의 견해를 긍정적으로 이해하고 싶다.

4. 맺음말

토정은 팔색조와 같은 인물이다. 어느 각도에서 그를 보느냐에

---

39 『丈巖集』권23, 3b–4a, 「土亭先生遺藁序」 "世之觀先生者, 只以栗谷奇花異草之
喩, 謂先生高則高矣, 奇則奇矣, 而疑其非適用之才. 此有不然者, 其所謂奇花異
草, 特据其粗迹而論之而已."

따라 평가가 달라진다. 그에 대한 역대 제유(諸儒)의 평이 제각각인
것은 그가 걸었던 길이 단순하지 않았기 때문이다. 이제 위에서 서
술한 내용을 다음의 몇 가지로 정리하겠다.

① 토정을 유자로 보는 이가 많은 가운데 그를 고사(高士), 이인
(異人)으로 여기는 이들도 상당하였다. 우리나라 전통적 도맥(道脈)
을 이은 사람으로 보기도 하였다. 유가사상, 노장사상, 수련적 도교
는 토정의 학문과 사상을 이해하는 데 중요한 사상적 범주라 할 수
있다. 그가 불교를 섭렵한 명백한 흔적은 찾기가 어렵다.

② 토정을 이단의 학문을 한 사람으로 본 후학들이 적지 않았다.
또 토정을 유자로 보았다 하더라도 그의 학문이 보잘것없다고 평하
는 부류들이 있었다. 그를 인정하거나 평가하는 사람들도 그의 일생
사업을 '효우행실(孝友實行), 우시민속(憂時愍俗)' 정도로 보았다(택당
이식의 평). 박한 평가 속에서도 토정의 학문 본령이 유학 – 성리학
이었다는 점을 확실히 한 후학들이 나온 것은 의미가 있다.

③ 토정이 가장 이상적인 인물로 받들었던 사람은 송유(宋儒) 소강
절이었던 것 같다. 조선의 선배 학자로는 스승인 화담 서경덕의 영향
을 많이 받았다. 이것은 토정이 명언(明言)한 바는 없지만 그의 학문
과 사상의 경향, 일생의 발자취 등을 통해 미루어 짐작할 수 있다.

④ 토정이 닮고 싶은 선유는 소강절이었다. 이것은 둘 다 호걸형
인물이라는 점, 자질구레한 것에 구속받지 않아 이들의 행동을 '타
괴(打乖)'라고 하였던 점, 학문적 사상적 편력이 간단하지 않았던
점, 수리(數理)에 기초하여 학문과 사상을 전개하였고 이를 통해 미
래를 내다보았던 점, 학문과 사상의 궁극적 목표가 경세(經世)에 있

었으나 이를 구현할 세상을 만나지 못했다는 점 등을 통해 유추할
수 있다. 다만 소강절이 『황극경세서』라는 대저(大著)를 남긴 데 비
해 토정은 저술을 거의 남기지 않았던 점은 크게 다르다.

⑤ 토정의 사상은 과욕설과 경사상(敬思想)으로 요약할 수 있을
것 같다. 토정의 조카인 이산해가 토정의 학문에 대해 "그 학문은
'경'을 주로 하여 이치를 궁구하고 실천을 독실히 하는 것을 우선으
로 삼았다"고 한 것은 근거가 있는 말이라고 본다. '주경궁리(主敬窮
理), 천리독실(踐履篤實)' 여덟 글자는 토정이 유학자 – 성리학자임
을 드러내는 팔자어(八字語)라 하겠다. 토정의 과욕설은 성리학에서
수양론으로 제시하는 '존천리(存天理) 알인욕(遏人欲)' 아님이 없다.

⑥ 토정이 남긴 글 가운데 「차도정절귀거래사(次陶靖節歸去來辭)」
와 「과욕설」, 「대인설」은 그의 학문과 사상을 엿볼 수 있는 중요한
문헌이다. 「과욕설」과 「대인설」에서는 일부 도가적 풍격이 느껴지
기도 한다. 특히 「대인설」은 도가적 처세훈을 방불하게 한다. 토정
을 순유(純儒)라 하기에는 문제점이 전혀 없는 것은 아니다. 그렇지
만 토정은 끝내 유가적 본령에서 벗어나지 않았다. 제자(諸子)와 잡
술(雜術)에 두루 통했던 점, 해학을 즐기고 파격적인 행동을 한 것이
토정의 참모습과 학문 본령을 흐리게 한 장애 요소였다고 할 수 있
겠다.

⑦ 토정의 학문과 사상에 대해 율곡 이이는 순유(純儒)가 아닌 것
으로 평가하였고, 이이의 제자인 중봉 조헌과 손제자인 우암 송시열
은 유자라는 관점에서 평하였다. 이후 토정에 대한 학문적 평가는
조헌 – 송시열의 견해가 기호학파의 관점을 대변하다시피 하였다.

경세에 대한 평가에서도 이이는 토정을 기화이초(奇花異草)에 비함으로써 경세적 역량을 높이 평가하지 않았으나 조헌은 스승 이이와 관점을 달리하였다. 이이의 관점은 이식과 송시열이 이어받았다.

⑧ 토정을 평하는 사람들 가운데 그 외면만을 보고 '고인일사(高人逸士)'라 하기도 하고, 성격이 자유분방하여 구속받지 않는 사람이라고도 한다. 그러나 토정은 종신토록 미망사세(未忘斯世)의 정신으로 살다가 갔다. 현실 속에서 세상을 구제하려는 의지가 높았다. 그의 경세의식과 경세론은 토정의 학문 본령과 사상적 지향점을 판단하는 잣대의 하나라 할 수 있겠다.

토정(土亭) 이지함의 수신(修身)과 처세(處世)의 사유 기반

전성운

1. 머리말

이지함 관련 기왕의 연구는 다음의 세 범주를 형성하고 있다.[1] 먼저 이지함의 실천적 경세사상(經世思想)과 관련된 연구다. 특히 포천현감과 아산현감으로 재직할 때 올렸던 상소나 그가 펼쳤던 목민 정책을 중심으로 한 연구 성과들이다. 애민정신과 중상적 실용 정책의 측면에 그 의미와 가치를 살핀 경우가 많다.

다음은 이지함의 기행과 관련된 일화 혹은 설화에 대한 연구다. 세거지(世居地)였던 보령이나 주로 살았던 마포는 물론이고 지방관

---

[1] 이지함과 관련된 기왕의 연구 성과의 구체적 목록 나열은 생략하겠다. 많은 의미 있는 연구들이 있지만, 여기서 다루려는 영역과 유관한 연구만을 거론하겠다. 여러 연구자의 혜아림을 바란다.

을 역임한 포천이나 아산을 비롯하여 다양한 지역과 문헌에, 그와 관련된 설화들이 전승되고 있다. 여기서 그는 백성을 사랑하는 목민관이나, 뛰어난 능력을 지닌 이인으로 형상화된다. 이들 연구는 그가 설화적 주인공으로 그려지고 있는 양상과 그 의미에 대한 것이 중심을 이루고 있다.

끝으로 이지함의 학문 사상에 대한 연구이다. 이지함이 서경덕의 학문적 영향으로 기론(氣論) 중심의 실천적이고 경세적 학문 사상을 지녔으며,[2] 맹자의 과욕(寡欲)을 지향했다는 점에서 유학적 수기의 태도를 보인다는 연구이다. 다만 이지함의 사상적 지향만을 본격적으로 다룬 연구가 많지 않다는 점에서 아쉽다.[3]

그런데 이지함의 사상적 측면에 대한 연구가 많지 않은 것은 연

---

2 이지함의 학문 사상을 도학(道學)의 관점에서 살핀 경우도 있다.(김창경, 「토정 이지함의 도학사상」, 『율곡학연구』 35집, 율곡학회, 2017, 410~113쪽.) 하지만 대부분의 연구자는 이지함이 서경덕 문하에서 영향을 받아 기론(氣論)의 면모를 보이는 실천적이고 경세적 성향을 지녔다는 점에 동의한다. 특히 신병주는 화담 학파와 이지함의 긴밀한 학문적 연관성을 지적한 바 있다. 황의동, 『한국유학사상』, 서광사, 1995, 165쪽. ; 신병주, 「화담 서경덕의 학풍과 현실관」, 『한국학보』 84, 1996. ; 신병주, 「토정이지함의 학풍과 사회경제사상」, 『규장각』 19, 서울대학교 규장각 한국학연구원, 1996. ; 신병주, 『이지함 평전』, 글항아리, 2008, 85쪽.

3 이지함의 학문 사상에 대한 연구는 경세사상이나 설화적 측면에서의 연구에 비해 현저히 부족하다. 이지함의 경세사상을 포함하여 학문 사상적 특징을 다룬 주된 성과는 다음과 같다. 권인호, 「토정 이지함의 출세의리와 실학사상」, 『한중철학』 제4집, 한중철학회, 1998. ; 신병주, 위의 논문. ; 박종덕, 「토정 이지함의 사상과 토정비결」, 부산대학교 석사학위논문, 2010. ; 황인덕, 「토정 이지함 작 〈차도정절귀거래사〉 고찰」, 『충청문화연구』 8, 충남대학교 충청문화연구소, 2012. ; 황인덕, 「토정 이지함의 과욕(寡欲) 사상과 관련 전설 고찰」, 『충청문화연구』 10, 충남대학교 충청문화연구소, 2013. ; 김창경, 앞의 논문.

구 대상이 될 만한 자료가 부족하기 때문이기도 하다. 사실 이지함
은 저술을 그다지 좋아하지 않았다.[4] 특히 학문 사상과 긴밀한 연관
이 있는 글은 〈과욕설(寡欲說)〉 단 1편에 불과하다. 물론 경세관을
가늠할 수 있는 상소 2편, 그리고 처세에 대한 견해를 간접적으로
드러낸 〈피지음설(避知音說)〉, 〈대인설(大人說)〉, 〈차도정절귀거래사
(次陶靖節歸去來辭)〉 등도 있기는 하다. 그렇지만 본격적인 사상론을
전개하기에는 연구 대상 자료가 부족한 것이 주지의 사실이다. 이지
함의 수신 방법이나 처세관을 연구하기 위해 실록을 비롯한 주변인
의 증언 자료에 의지한 경우가 많았던 것도 이 때문이다.

　여기에서는 이지함의 수기(修己)와 처세(處世)의 근간이 되는 사
상적 토대를 고찰하고자 한다. 다만 본 연구를 진행하기에 앞서 다
음 몇 가지 사항을 전제할 필요가 있다. 그것은 첫째, 이지함은 성
리학적 사유의 학문적 자장 안에 존재했던 인물이라는 사실이다. 그
는 도불(道佛)과 관련된 저술을 남긴 바 없으며, 그가 실제로 교유했
던 인물 범위에 도불과 관련된 인물도 없다. 그는 성리학적 사유를
근간으로 하는 사대부로서의 삶을 살아갔으며 그것은 그가 학문과
행실이 뛰어난 선비[學行著聞] 혹은 행실이 탁월한 선비[卓行之士]로
천거되었던[5] 사실에서도 드러난다.

　둘째, 그는 사대부로서 성리학적 관점의 수기(修己)의 공부와 처

4　先生平生 不喜著述 其存於今者 若干篇 蓋所謂不得已者也. 송시열(宋時烈), 〈토
　정유고발(土亭遺稿跋)〉, 『토정선생유고(土亭先生遺稿)』 권하(卷下).
5　『선조실록』 7권, 선조 6년 6월 3일. ; 『선조수정실록』 7권, 선조 6년 5월 1일.

세를 중심으로 살펴져야 한다는 점이다. 이지함의 애제자였던 조헌(趙憲; 1544~1592)은 물론이고 이이(李珥; 1536~1584)나[6] 이산해(李山海; 1539~1609),[7] 서종태(徐宗泰; 1646~1715),[8] 이관명(李觀命; 1661~1733)[9] 등은 그의 학문적 지향을 "주경궁리(主敬窮理)"로 규정하였다. 여기서 말하는 주경과 궁리는 성리학적 수기의 범칭이다. 이지함은 성리학자들의 일반적인 공부 방식을 학문의 종지(宗志)로 삼았으며, 이에 대한 고찰이 수기의 방법과 처세에 대한 이해로 이어질 수 있다.

셋째, 연구 텍스트의 한정과 관련된 측면이다. 이지함의 사상적 지향과 관련된 자료만을 연구의 대상으로 할 것이며, 경세사상과 관련된 자료는 제외할 것이다. 이는 그의 저술을 주 텍스트로 하고 신뢰할만한 수준의 주변 증언 자료를 보조적으로 활용하겠다는 의미다. 예컨대 기록의 신빙성이 떨어지는 일화나 설화 수준의 기록은 연구 대상에서 제외할 것이다. 즉 문집에 수록된 이지함의 글을 주 텍스트로 삼고 실록과 문집 소재 글 가운데 신뢰할만한 수준의 자료만을 고찰의 대상으로 할 것이다. 이지함 관련 기록의 상당수가 후대로 갈수록 신비화되는 경향을 보인다. 특히 이지함을 이인, 기인,

---

6   先生爲學 甞以主敬窮理爲主. 이이, 〈석담일기(石潭日記)〉, 『토정선생유고』 권하.
7   爲學 常以主敬窮理 踐履篤實爲先. 이산해, 〈묘갈명병서(墓碣銘竝序)〉, 『토정선생유고』 권하.
8   主敬爲本 反躬允蹈 智周萬變 行貫神明 切磨鴻儒. 서종태, 〈서원사액제문(書院賜額祭文)〉, 『토정선생유고』 권하.
9   其爲學 以主敬窮理 踐履篤實爲先. 이관명, 〈아산현감이공시장(牙山縣監李公謚狀)〉, 『토정선생유고』 권하.

신선으로 형상화하며 그와 관련된 일화들은 과장되거나 신비화되기
일쑤였다. 이지함의 사상적 토대에 대한 적실한 이해를 위해서는 설
화적 형상과 유관한 일체의 기록들을 배제할 필요가 있다.

이 같은 점을 전제로 여기에서는 이지함의 수신의 방법과 처세의
사상적 토대를, 마음공부와 타괴(打乖)의 자세란 측면에서 살피겠
다. 그리고 이런 고찰의 주된 대상은 〈과욕설〉과 〈대인설〉 그리고
〈피지음설〉과 〈차도정절귀거래사〉로 한정하겠다.

2. 미발지심(未發之心)과 과욕(寡欲)의 지향

이지함이 살았던 시기는 송명(宋明) 성리학이 본격적으로 수용되
어 철학적 사유와 이념 체계로의 심화가 이루어지던 때이다. 그렇기
에 당시에는 기학(氣學), 수학(數學), 이학(理學), 심학(心學) 등이 실
험적으로 혼재하였으며, 특정 인물의 성향에 따라 다양한 방면에서
의 학문적 심화가 도모되었다.[10] 게다가 이지함의 학문적 지향은,

---

10 조선 성리학의 경우 정호(程顥), 정이(程頤) 형제와 주희(朱熹)의 이학(理學)을
중심으로 발달하였고, 육상산(陸象山)이나 왕양명(王陽明)의 심학(心學)은 크게
주목받지 못 했다. 그런 이유 때문인지 성리학이라 하면 이학을 지칭하는 것으로
이해되기 일쑤다. 그러나 송명 성리학의 범주에는 이학과 심학, 기학이 모두
포함된다. 더구나 이지함이 생존했던 시기에는 심학에 대한 관심과 이해도 상당
했다. 이런 점에서 여기서는 성리학을 이학과 심학, 기학은 물론이고, 상수학(象
數學)까지도 아우르는 포괄적 개념으로 사용하였음을 밝힌다.

인간을 이해함에 있어 『중용(中庸)』의 "천명(天命)을 일러 성(性)이라 한다.[=天命之謂性]"는[11] 것과 맹자의 '성선설(性善說)'에서 출발했다.

이는 유자(儒者)라면 누구나 대전제로 인정하는 근본적이고도 보편적 가치이다. 즉 그는 본연지성(本然之性)에 따른 행위, "인욕을 없애고 천리를 보존하[存天理滅人欲]려는 실천을 통해 본연지성에 따르는 삶을 살아가야 한다고 믿었다. 그리고 당연히 이러한 삶의 지향과 실천은, 천하만물에 존재하는 천리(天理)를 인식하는 궁리(窮理)와, 인욕(人慾)의 발동을 억제하는 내면적 수양으로서의 주경(主敬)이 주된 방법이었다. 이지함 역시 이와 같은 주경궁리의 성리학적 수양의 태도를 추구했다.

그렇지만 그가 주경(主敬)과 궁리(窮理)의 구체적 지향을 어떻게 개별화 혹은 다양화했는가 하는 점에서 여타 성리학자들과 다를 수 있다. 그것은 한마디로, '미발(未發)의 마음[心]에 대한 사유를 기반으로 무욕(無欲)을 지향'한 것이며 그 구체적 실천 방법은 과욕(寡欲)'이다.

이지함의 수기의 방법과 관련된 대표적인 논설(論說)인 〈과욕설〉을 통해 이를 구체적으로 살펴보자.

> 맹자가 이르기를, '마음을 기름에 있어 과욕(寡欲)보다 좋은 것이 없다.'고 했다. 덜어내는 것[寡]은 없음[無]의 시작이다. 덜고 또 덜어내어 덜어낼 것이 없음에 이르면 마음이 비워져 영(靈)하게 된다. 그 영(靈)

---

11 天命之謂性 率性之謂道 修道之謂敎. 『중용』 제1장.

의 비춤은 명(明)이 되고 명의 채움은 성(誠)이 된다. 성의 도(道)는 중(中)이 되고 중이 발하면 화(和)가 된다. 중화(中和)는 공(公)의 아비이고 생(生)의 어미이니 순순(肫肫)하여 안이 없고 호호(浩浩)하여 밖이 없다. (또한) 밖에 있다는 것[有外]에서 작아짐을 시작하나 작아지고 작아진다고 해도 형기(形氣)에 얽매이게 된 즉, 내가 있음만 알고 남이 있음을 모르게 되며, (또) 남이 있음을 알아도 도(道)가 있음을 모르게 된다. 물욕에 가리게 되어 장적(戕賊)함이 많게 되고 욕심을 덜어내고자 해도 할 수 없게 된다. 하물며 그것을 없게 함에랴! 맹자의 뜻이 멀고도 깊도다.[12]

이지함의 〈과욕설〉은 존천리(存天理)를 위해 멸인욕(滅人欲)이 요구된다는 것을 전제로 하고 있다. 그는 인간의 선한 본성[天理]을 보존하고 회복하기 위해서는 인간의 '육체와 감각 작용'[情]으로 나타나는 것으로서의 인욕(人欲)을 없애야 된다고 여겼다. 그것의 실천이 바로 과욕(寡欲)이다. 그는 욕(欲)을 "없애는 것"[無]의 시작은 "덜어내기[寡]"라고 생각했다. 욕심을 덜어내고 덜어내면 텅 비어 "덜어낼 것이 없[無寡]게 된다. 이런 무과(無寡)한 상태가 되어야 "마음이 허"(心虛)한 상태에 이르게 된다. 그러나 심허[心虛]는 마음에 아무 것도 없다는 뜻이 아니다. 인간적 정욕이 없음을 말한 것일 뿐이다. 그런 점에서 이것은 오히려 마음이 순일(純一)한 본연의 상태,

---

12　孟子曰 養心莫善於寡欲 寡者無之始 寡而又寡 至於無寡 則心虛而靈 靈之照爲明 明之實爲誠 誠之道爲中 中之發爲和 和者 公之父 生之母 肫肫乎無內 浩浩乎無外 有外者小之始 小而又小 梏於形氣 則知有我 而不知有人 知有人 而不知有道 物欲交蔽 戕賊者衆 欲寡不得 況望其無 孟子立言之旨 遠矣哉.〈과욕설〉,『토정선생유고』권상.

어느 것 하나 모자람이 없는 가득한 상태임을 의미한다. 무엇하나 결여됨이 없는 지극히 신령(神靈)스러운 상태인 것이다. 이지함은 그것을 "허이령(虛而靈)"이라고 했다.

이런 허령(虛靈)한 마음으로 만물을 비추어야 밝을[明] 수 있다. 그래야 흐릿하거나 어두운 것 없고 왜곡되거나 모자람이 없이 모든 것에 환할 수 있다. 그와 같은 밝은 마음에서야 순수하고 참[誠]될 수 있다. 그와 같은 마음의 성(誠)한 길[道]을 따르는 것이라야 모든 것에 적실하게 부합하여 중(中)할 것이며, 이렇게 중(中)으로 발(發)할 때 비로소 조화(調和)로울 수 있다. 인간의 마음이 본연, 천명의 어그러짐 없이 발하여 조화로운 것, 이른바 중화(中和)함이야말로 공변됨의 아비요 생명의 어미이다. 이런 마음은 안으로는 정성스럽고도 치밀하며[=肫肫], 밖으로는 거칠 것 없이 넓고 넓다.[=浩浩] 이른바 대인(大人)이자 성인(聖人)의 경지라 하겠다.

이지함의 수양의 방법을 요약하면, '과욕(寡欲)의 반복 → 무과이허(無寡而虛) → 심허이령(心虛而靈) → 영조위명[靈照爲明] → 명실위성[明實爲誠] → 성도위중[誠道爲中] → 중발위화(中發爲和)'이다. 이렇게 마음이 어그러짐이나 부족함이 없는 조화[中和]의 상태에 이르면 정성스럽고 촘촘한 어짊[仁]을 갖추어 안으로 끝이 없을 뿐만 아니라 거침없이 장대하여 밖도 없게 된다.[13]

---

13 필자는 〈과욕설〉 검토를 통해 과욕이 마음을 기르는 최고의 방법임을 간략하게 나마 지적한 바 있다. 전성운, 「아산현감 토정 이지함의 친민 정책과 사상적 배경」, 외암사상연구소 편, 『아산 유학의 여러 모습』, 지영사, 2010, 135~137쪽 참조.

　여기서 허령(虛靈)에서 중화(中和)에 이르는 과정은 모두 마음 상태이자 작용이다. 그리고 중(中)이 발해야 화(和)할 수 있다는 것은 희로애락이 발현되지 않은 본연의 상태[未發之心]에서의 발현을 의미하는 것으로, 조화롭게 발현되어야 모든 것이 기율에 들어맞게 된다. 천하만물과의 조화로운 발현 경지에 이를 수 있다. 이른바 배워서 성인이 될 수 있는 근거이자 믿음인 셈이다. 다만 그 실천이 어렵고 힘들어 중간에 포기하고 내팽개치는 것이 보통 사람의 병통일[14] 따름이다. 이처럼 이지함은 성리학자로서 인간이 천리를 지녔으며 수양을 통해 성인의 경지에 이를 수 있다고 믿었다.

　그렇지만 과욕을 통해 무욕에 이르는 것이 말처럼 쉽지 않다. 욕(欲)을 없앨 수 없기 때문이다. 과욕의 과정에는 반드시 밖에 존재하는 것[外物]을 작게 하는 것으로 시작해야 한다. 왜냐하면 마음이 외물과 교접하여 욕으로 나타나기 때문이다. 그런데 외물과의 교접을 작게 하고 또 작게 하여도, 형기(形氣)인 육체에 얽매이지 않을 수는 없다. 모든 존재는 형기(形氣)를 가지며, 형기(形氣) 없는 존재란 없기 때문이다.

　외물과의 교접, 형기에 얽매이면 욕심은 발하게 된다. 자신에 집착하여 남이 있음을 모르게 되고 설혹 남이 있음을 안다고 해도 정성스러운 도[=誠之道]가 있음은 알지 못한다. 정성스런 도(道)를 잊게 되면 물욕에 가려 많은 것을 해치고 잃게 되는 것은 당연하다.

14　常曰 聖可學而能 唯患暴棄不爲耳. 이관명(李觀命), 〈아산현감이공시장〉, 『토정선생유고』 권하.

또한 그와 같은 지경에 이르면 욕심을 덜어내고자 해도 할 수 없게 되며 그것을 없애고자 해도 없앨 수 없게 된다.[15] 존재가 형기(形氣)를 통해 구현되는 것처럼, 존재에게 욕심이 없을 수는 없는 노릇이다. 그것은 인간인 이상 이지함이라고 다를 수는 없다.

그는 이 같은 점을 분명히 인지했다. 그의 욕심에 대한 사유가 참으로 엄정했던 것도 이때문이다. 이이와의 대화를 통해 욕심에 대한 그의 사유를 보자.

> 율곡이 (선생께) 성리(性理)의 배움에 종사할 것을 권하자, 선생이 말하기를, "나는 욕심이 많아 (성리의 배움을) 능히 하지 못한다네."라고 했다. 율곡이 말하기를, "명성과 이익, 영화로움 따위는 어르신께 하찮은 것일 뿐인데 무슨 욕심이 있어 성리의 학문에 방해가 되겠습니까?" 하였다. 선생이 말하기를, "어찌 반드시 명리(名利)와 성색(聲色)만을 욕심이라 하겠는가? 마음이 향한 곳은 천리(天理)가 아닌 즉 모두가 인욕(人慾)이라네. 나는 스스로를 놓아버리기를 좋아하고 규율로 단속하지 못하니 어찌 물욕이 아니겠는가?" 하였다.[16]

이이는 이지함에게 성리(性理)의 배움에 종사할 것을 권한다. 남들 보기에 이상한 행동을 일삼으며 세상을 떠돌지 말고 차분히 성리학에 전념하는 것이 좋지 않겠냐는 뜻이었다. 그러자 이지함은 욕심

---

15 전성운 앞의 논문, 136쪽.

16 栗谷勸從事性理之學 先生曰 我多慾 未能也 栗谷曰 聲利芬華 皆非吾丈所屑也 有何慾可妨學問乎 先生曰 豈必名利聲色爲慾乎 心之所向 非天理則皆人慾也 吾喜自放 而不能束以繩墨 豈非物慾乎. 이이, 〈석담일기〉, 『토정선생유고』 권하.

이 많아 그럴 수 없다고 주저없이 대꾸한다. 이이가 다시, '선생님은 부귀공명에 뜻이 없는데 무슨 욕심이 있다고 그렇게 말씀하십니까?'라는 뜻으로 반문한다. 이이의 반문에는 욕심이란 부귀공명이나 성색(聲色)과 같은 사회적 욕망을 가리키는 것이란 전제가 내포되어 있다. 그래서 이지함에게 이미 욕심이 없는데, 어떤 욕심이 더 있냐고 물었던 것이다.

이지함이 생각하는 욕심과 이이가 생각하는 욕심에는 차이가 있다. 그는 주저없이, "마음이 향한 곳은 천리(天理)가 아닌, 즉 모두가 인욕(人慾)[心之所向 非天理則皆人慾也]"이라고 답했다. 인욕이 미발인 상태에서 사람의 마음이 외물과 교섭하여 발하게 되면 곧 인욕이라는 말이다. 즉 그는, 인간의 마음이 지향하는 모든 행위는 인욕의 발현이라고 본 것이다. 그렇기에 "스스로를 놓아버리기를 좋아하는[喜自放]"것이나 "규율로 단속하지 하"[束以繩墨]지 못 하는 자신의 성향도 역시 욕심이라고 했다. 성인이 아닌 이상 인간의 행위는 모두가 욕심이라고 이해한 것이다.

그렇기에 그는, "욕심을 덜어내고자 해도 할 수 없는데, 하물며 그것을 없게 함에랴![欲寡不得. 況望其無]"라고 하며, "맹자의 뜻이 멀고도 깊도다.[孟子立言之旨, 遠矣哉]"라는 말로 〈과욕설〉을 맺었다.

그가 얼마나 욕심을 덜어내기 위해 노력했는지는 〈대인설〉에서도 고스란히 드러난다.

사람들에게는 네 가지 바램이 있다. 안으로는 영(靈; 재주, 재능)과 강(强; 힘)을 원하고 밖으로는 부(富; 재물)와 귀(貴; 벼슬)를 원한다.

(그런데) 귀(貴)는 작위를 받지 않는 것보다 귀한 것이 없고, 부(富)는 욕심이 없는 것보다 부한 것이 없으며, 강(强)은 싸우지 않는 것보다 강한 것이 없고, 영(靈)은 알지 못하는 것보다 영한 것이 없다. 그렇지만 알지 못하여 영하지 못한 명청한 자가 있고, 싸움을 못하여 강하지 못한 유약한 자가 있으며, 욕심이 없어 부유하지 못한 가난한 자가 있고, 벼슬하지 못하여 귀하지 않은 미천한 자가 있다. (이와 다르게) **알지 못하면서 영할 수 있고 싸움을 못하지만 강할 수 있으며, 욕심 부리지 않고도 부유할 수 있으며, 벼슬하지 못하고도 귀할 수 있는 이는 오직 대인만이 할 따름이다.**[17]

〈대인설〉은 일견 대인(大人)에 대한 지향으로 읽힌다. 『논어(論語)』에서 대인은 천명(天命)을 알아 현덕(賢德)을 갖추고 인(仁)을 행할 따름이며, 재능과 힘, 부귀를 탐하지 않는 사람이라고 했다. 그렇기에 대인은 군자(君子)보다 뛰어나며 성인(聖人)에 가까운 사람이다. 이지함이 〈대인설〉을 펼친 것은 성인 전 단계의 인간형에 대해 말한 것이다.

보편적 인간의 지극한 바람은 벼슬하는 것, 부자가 되는 것, 많이 알려고 하는 것, 싸워 지지 않는 것이다. 그러나 현실적으로 부귀영강의 끝은 없다. 그러니 모순된 말처럼 보이겠지만, 벼슬하지 않고도 귀하다고 여기고 재물이 없어도 부유하다고 여기며 더 알고자

---

17 人有四願 內願靈强 外願富貴 貴莫貴於不爵 富莫富於不欲 强莫强於不爭 靈莫靈於不知 然而不知而不靈 昏愚者有之 不爭而不强 懦弱者有之 不欲而不富 貧窮者有之 不爵而不貴 微賤者有之 不知而能靈 不爭而能强 不欲而能富 不爵而能貴 惟大人能之. 〈대인설〉, 『토정선생유고』 권상.

하지 않아도 이미 충분히 알고 싸우지 않아도 지극히 강한 것이 진정으로 부귀영강한 것이다. 그러나 이것은 미천하고 가난하거나 멍청하고 유약한 사람이 되려고 한다는 말이 아니다. 오히려 그 반대다. 이미 귀하니 굳이 벼슬을 추구할 까닭이 없고 충분히 부유하여 욕심 부릴 이유가 없으며, 천리(天理)를 알아 더 알고자 할 바가 없고 맞서 싸울만한 이가 없으니 굳이 다툴 까닭이 없는 것이다. 이런 경지의 사람이 바로 대인(大人)이다.

누구나 바라는 부귀영강(富貴靈强)에 대한 결핍이 없으며, 결핍을 채우고자 하는 갈망이 없는 존재를 역설(力說)한 것은 그가 추구한 이상형이 바로 대인이었기 때문이다. 동시에 이지함은 욕심이 없는 대인을 말함으로써 마음공부에 있어 과욕을 전면화하였다. 그에게 욕심 덜어내기는 숙명의 과제였다. 〈과욕설〉도 〈대인설〉도 그런 사유와 실천의 잉여였다. 요컨대 그는 〈과욕설〉을 통해 수기의 방법과 효과를 말했고 〈대인설〉을 통해 그 경지를 밝혔다.

3. 〈차도정절귀거래사〉와 타괴(打乖)의 처세

그렇다면 이지함이 말한 바, 욕망을 덜어내기 위해서는 어떤 삶을 살아야 하는가. 이른바 본연지성의 구현은 어떤 삶의 태도, 처세를 통해 달성할 수 있는가. 이와 관련하여 먼저 〈피지음설〉을 보자.

선비의 굴레는 지음(知音)에서 비롯한다. 말세의 지음은 재앙의 중매쟁이다. 어찌 그러한가? 재용(財用)은 애초 흉물이 아니나 국가의 재앙은 재용에서 많이 나온다. 권세는 애초 흉물이 아니나 대부(大夫)의 재앙은 권세에서 많이 나온다. 회옥(懷玉)은 애초 흉물이 아니나 필부의 재앙은 회옥에서 많이 나온다. 지음은 애초 흉물이 아니나 어진 선비의 재앙은 지음에서 나옴이 많다. …(중략)… 소하(蕭何)에게 알려지지 않았다면 한신(韓信)이 어찌 재앙을 받았고, 서서(徐庶)에게 알려지지 않았다면 제갈량(諸葛亮)이 어찌 재앙을 받았으리오? 지음을 만나고 재앙을 받지 않은 자는 드물고 곤욕을 치르지 않았다는 것을 들어 본 바 전혀 없다. 이런 까닭으로 사람들은 알려지고자 하지만 현자는 진실로 피할 따름이다. **서로 만나고도 재앙이 되지 않는 것은 오직 산수(山水) 사이의 지음일 뿐이고, 전야(田野) 사이의 지음을 뿐일진저!**[18]

〈피지음설〉을 보면, 이지함은 그는 세상을 등진 은자(隱者)를 지향한 것처럼 보인다. 자신의 가치를 알아주는 참다운 벗을 부정하는 것에서 한 걸음 더 나아가, 산수와 전야 사이에 머물고자 하는 생각이 드러났다. 기왕의 연구에서는 그의 이런 삶의 태도가, 친구인 안명세(安名世; 1518~1548)가 을사사화(乙巳士禍) 때 죽은 것이나 자신을 무척 아꼈던 장인 이정랑(李呈琅)이 이홍남(李洪男)의 고변사건인 청홍도(淸洪道) 사건에 연루되어 죽은 것에서 비롯되었다고[19] 여겼

---

18 士之駕 由知音也 而叔季之知音 殃之媒也 何者 財用初非凶物 國家之殃 多出於財用 權勢初非凶物 大夫之殃 多出於權勢 懷璧初非凶物 匹夫之殃 多出於懷璧 知音初非凶物 賢士之殃 多出於知音 不見知於宣孟 則程嬰何殃 不見知於燕丹 則荊卿何殃 不見知於蕭何 則韓信何殃 不見知於徐庶 則諸葛何殃 知音之遇 不殃者鮮矣 而不困不辱 未有聞 是故人有願爲知音者 賢士姑避之而已矣 相遇而不殃者 其惟山水間之知音乎 其惟田野間之知音乎. 〈피지음설〉, 『토정선생유고』 권상.

다. 평생을 애도케 할만큼 절친한 친구의 죽음과[20] 처가의 몰락으로 인하여 세속적 삶에 뜻을 두지 않고, 기행을 일삼으며 세상을 떠돌았다는 것이다. 이와 같은 이해의 시각이 전혀 그릇된 것만은 아닐 수 있다.

그렇지만 〈피지음설〉에 나타난 것과 같은 삶의 태도는 일정부분은 그의 사유 태도에서 비롯되었을 수도 있다. 신병주가 지적한 것처럼, 화담학파(花潭學派)는 북송 대 성리학자들의 학풍에 심취했던 까닭에, 처세에 있어서도 은둔자적인 모습을 보였을[21] 것이고, 화담학파의 자장 안에 있던 이지함 역시 세속적 삶에 대한 욕심을 버리고 둔세(遁世)하며 성인을 지향하려 했을 것이다. 그리고 그런 태도 역시 성리학적 삶의 태도의 하나였다. 실제로『중용』에서는 "세상을 피하여 숨어 인정받지 못 해도 후회하지 않으니 오직 성인만이 할 수 있는 일이로다."라고[22] 했다. 이는 세속적 욕망을 버리고도 부귀영강(富貴靈强)할 수 있는 이는 오직 대인뿐이라고 했던 말의 다른 버전인 셈이다.

그렇다면 그는 구체적으로 어떤 삶을 살고자 했던 것일까. 요컨대 〈피지음설〉에서 밝힌 산수와 자연에서의 삶에 대한 지향은 어떠했는가. 이는 〈차도정절귀거래사(次陶靖節歸去來辭)〉에서 확인할 수

---

19 박종덕, 앞의 논문, 2010, 13~14쪽.

20 安命世之死 追悼平生.〈출중봉소(出重峯疏)〉,『토정선생유고』권하.；安命世死 非其罪 追悼不已. 이관명,〈아산현감이공시장〉.

21 신병주, 앞의 논문, 1996, 65~67쪽 참조.；박종덕, 앞의 논문, 2010, 8~9쪽 참조.

22 君子依乎中庸 遯世不見知而不悔 唯聖者能之.『중용』제11장.

있다.[23]

> 돌아가야지!   歸去來兮
> 안택(安宅)이 넓고 넓은데 어찌 돌아가지 않으리. 安宅恢恢胡不歸
> 본디 마음은 몸에 부림을 당하는 것이 아니니   初不是心爲形役
> 다시 무엇을 기뻐하고 무엇을 슬퍼하랴?   復何喜而何悲
> 남쪽을 향하여 깃발을 향한들 누가 막을 것이며 南余旆兮孰拒
> 북쪽을 향하여 가마 끌채를 잡은들 누가 쫓아오리. 北余轅兮誰追[24]

〈차도정절귀거래사〉는 도연명(陶淵明; 365~427)의 〈귀거래사(歸去來辭)〉를 차운한 작품이다. 도연명의 〈귀거래사〉는 가난 때문에 어쩔 수 없이 관리가 되었지만 천성이 자연을 좋아하여 벼슬을 내려 놓고 떠나려는 뜻을 밝힌 노래다. 고향에 은거함으로써 마음을 졸일 일 없이 편안하게 술도 마시고 시도 읊으며 하늘의 뜻에 따라 소박하게 살아가겠다는 것이다. 그렇기에 도연명은 오래전부터 "마음이

---

23 이에 대해서는 정호(鄭澔; 1648~1736) 역시 동의한 바가 있다. 그는 〈토정선생유고서(土亭先生遺稿序)〉에서 이지함이 저술을 좋아하지 않아 전하는 것이 거의 없다고 하면서, 그나마 남은 원고들에서 "존양시조의 실마리"[存養施措之端]를 볼 수 있다고 했다. 한 덩이의 고기로 한 솥의 고기를 가늠할 수 있는 것처럼 말이다. 그는 〈과욕설〉이나 〈차도정절귀거래사〉와 같은 글이 성리학적 공부의 방향과 그 실천을 드러냈음을 인지했던 것이다. 然其稿中 次陶潛歸去來辭 寡欲說及牙抱封事諸篇 可見其存養施措之端 一臠足知全鼎 亦何必多也. 정호, 〈토정선생유고서〉, 『토정선생유고』.

24 〈차도정절귀거래사(次陶靖節歸去來辭)〉, 『토정선생유고』 권상. 이하 인용은 원문을 순차적 인용한 것으로, 작품 설명의 편의를 위해 단락 나눔을 했다. 인용처를 반복해서 밝히지는 않겠다.

몸의 부림 당하였"[=旣自以心爲形役]음을[25] 개탄하며, 고향집으로 "돌아가야지!"라고 외치는 것으로 작품을 시작했다.

그렇지만 이지함이 차운한 〈차도정절귀거래사〉는 〈귀거래사〉와 그 지향과 의미가 판이하다.[26] 이것은 〈귀거래사〉를 형식적으로 차용한 것에 불과할 따름이며, 실제적 내용과 주제는 전혀 다르다. 이지함은 은거를 위해 고향집으로 돌아가겠다는 말 자체를 하지 않았다. 그가 돌아가겠다고 하는 것은 인욕의 위태로움이 없는 천리자연(天理自然) 상태의 마음이다. 그는 본연의 마음으로 중화(中和)의 이루겠다고 했다.

그는 1행과 2행에서 넓고 넓은 안택(安宅)으로 돌아가자고 천명한다. 안택은 맹자가 말한, "사람의 편안한 집이다.(人之安宅也)"이다. 주희는 이에 대해, "(인의예지는) 사람에 있어서 본심 전체의 덕이 되어 천리(天理) 자연(自然)의 편안함이 있고 인욕(人慾)에 빠지는 위태로움이 없다."고 하였다. 그러면서 "사람들이 마땅히 항상 그 가운데에 있을 것이요 잠시라도 떠나서는 안 될 것"이라[27] 했다. 이른바

---

25 도연명, 〈귀거래사(歸去來辭)〉, 『漢魏六朝詩鑒賞辭典』, 上海辭書出版社, 2003, 514쪽. 이하 〈귀거래사〉의 인용 역시 위 책에서 했으며, 인용처를 반복해서 밝히지 않았다.

26 황인덕은 〈차도정절귀거래사〉을 〈귀거래사〉와 비교하여 분석한 결과로, "작가 의식은 전원에서 유유자적한 여생을 보내기 위하여 귀가한다는 뜻과는 많은 차이가 있다."고 했다. 적절한 이해이다. 황인덕, 「토정 이지함 작 〈차도정절귀거래사〉 고찰」, 2012, 17쪽.

27 夫仁 天之尊爵也 人之安宅也. 『맹자집주』, 「공손추장구상(公孫丑章句上)」7. 이에 대해 주희는 다음과 같이 주석했다. 仁者 天地生物之心 得之最先而兼統四者 所謂元者善之長也 故曰 尊爵 在人 則爲本心全體之德 有天理自然之安 無人欲陷

본연의 마음인 것이다.

　이와 같기에 도연명이 말한 것과 같은 "무릇 하나 들일 만한 작은 집[審容膝之]" 좁고 초라한 형이하(形而下)의 고향집과는 판이하게 다르다. 오히려 "크고 넓으며 편안한 집[安宅恢恢]"으로 형이상(形而上)의 것이다. 그가 돌아가자고 한 것에는 "편안한 집을 내팽개쳐두고 욕심에 휩싸여 그 집에 살지 않는"[=安宅不居] 현실에 대한 지적이다. 사람은 누구나가 안택에서의 구속과 장애가 없이 편안할 수 있는데도 그렇지 않음을 말하였다. 그렇기에 이지함이 말하는 안택으로 돌가가는 것은 은거해서 고향집에 사는 즐거움과는 전혀 다른 차원인 것이다.

　이는 다음에서도 드러난다. 〈귀거래사〉의 3행은 "既自以心爲形役"인데 반해, 〈차도정절귀거래사〉는 "初不是心爲形役"라고 했다. "心爲形役"은 같다. 하지만 "이미 스스로~"[既自以]와 "본디 ~아니다."[初不是]는 전혀 다르다. "이미[既]"는 전부터 지금까지 형기의 부림을 당하고 있는 상태를 말한 것인 반면, "본디[初]"는 인간이 본래부터 "마음은 형기의 부림을 받지 않음"을 말한 것이다. 도연명이 이미 전부터 그러한 상태니 그 회복해야 한다고 말하려는 것인 반면, 이지함은 "본디" 그러한 것이 아니었으니 그것으로 돌아가는 것이 당연하다고 말하는 것이다.

　그렇기에 〈귀거래사〉는 "어찌 한탄하며 홀로 슬퍼만 하겠는가?[奚惆悵而獨悲]"라고 받았다. 반면에 〈차도정절귀거래사〉는 "무엇을

溺之危 人當常在其中 而不可須臾離者也 故曰安宅.

기뻐하고 무엇을 슬퍼하랴?[何喜而何悲]"로 이었다. 그릇된 과거를 바로잡아야겠기에, 슬퍼만 하지 말고 바삐 돌아가는 것을 도모해야 한다는 뜻이다. 그러니 "이미 지난 일은 탓해야 소용없음을 알아"[悟 已往之不諫]로 이어진 것이다. 반면 이지함은 애초부터 그러했으니 그로 인하여 기뻐할 것도 슬퍼할 까닭도 없음을 말했다. 그저 구애 받지 않는 편안한 세계로 돌아가면 그뿐인 것이다. 다만 현실은 안 돌아가는데 있다. "남쪽으로 깃발을 앞세우"[南余旆兮]거나 "북쪽을 향해 가마 끌채를 잡아"[北余轅兮]도 아무도 막지 않고 쫓아오지도 않는다. 조급해 할 것 없이 그저 "모름지기 앞길을 넓게 하여"[28] 나가 면 그만이다. 그러니 당연한 말로, 그저 돌아가면 된다고 했다.

이는 〈차도정절귀거래사〉가 단순한 방일(放逸)의 노래가 아님을 뜻한다. 오히려 왜 무엇을 어떻게 실천하며 살아야 하는가를 말한 작품으로, 성리학적 수기 공부를 말하고 있는 것이다. 이는 "心爲形 役"과 관련된 주희의 말에서도 확인된다. 그는 외물에 이끌려 교접 하게 되면 외물에 끌려가기 십상이니, 마음이 그 도리를 얻어 외물 에 가리지 않게 되어야 한다고 했다. 마음을 바로 세우면 귀나 눈의 욕심이 마음을 빼앗지 못하게 될 것이니 대인(大人)이 되란 말이다. 더불어 마음이 형기에 부림을 당하면 금수가 될 뿐이라고도 했다.[29]

---

28 面前路徑須令寬 路徑窄則無著身處. 소옹(邵雍), 『송사(宋史)』, 「도학열전(道學 列傳)」.

29 心得其職 則得其理 而物不能蔽 失其職 則不得其理 而物來蔽之 此三者 皆天之所 以與我者 而心爲大 若能有以立之 則事無不思 而耳目之欲不能奪之矣 此所以爲 大人也 …(중략)… 是身之微 大倉稊米 參爲三才 曰惟心耳 往古來今 孰無此心 心爲形役 乃獸乃禽 惟口耳目 手足動靜 投閒抵隙 爲厥心病 一心之微 衆欲攻之

〈차도정절귀거래사〉는 주희의 권계와 같이 금수가 아닌 대인이 되
라고 권면하는 것으로 작품을 시작하고 있다.

귀로는 헐뜯고 칭찬하는 말 듣지 않고	耳不聞其毀譽
입으로는 시비를 말하지 않으리.	口不言其是非
떨어진 옷도 따뜻한데	知蘊袍之且煖
어찌 비단옷을 부러워하랴?	又何羨乎錦衣
큰길을 당당하게 따르노라면	遵大路之蕩蕩
밝은 해 찬란하여 어둡지 않으리.	曜此日之不微

마음이 외물과 형기에 사로잡힌 상태라 할 "心爲形役"하지 않으
려면 시속에 구애받지 말아야 한다. 하지만 시속에 구애받지 않기란
쉽지 않다. 그것은 사람들이 자신의 뜻과 다른 지향을 보이는 이들
을 헐뜯고, 자신들의 뜻에 맞으면 칭찬하기 때문이다. 집단의 통속
적 가치에서 어긋난 행동을 하면, '사람이 왜 저러냐?'라고 뒷말을
해대고, 시속의 예법에 어긋나면 으레 비난을 쏟아낸다. 보통 사람
이라면 이 같은 상황에서 시속에 구애받지 않을 수 없다. 그러나 정
당한 길을 가는데, 시속 사람들의 눈치를 살피며, 뜻에 영합하려 할
필요는 없다. 이런 비난에 귀 기울이며 시속의 영예에 영합하려는
것은 향원(鄕原)에[30] 불과하다. 대인은커녕 속물인 셈이다.

其與存者 嗚呼幾希 君子存誠 克念克敬 天君泰然 百體從令. 『맹자집주』, 「고자
장구상(告子章句上)」 15.

30 鄕原德之賊也. 『논어(論語)』, 「양화(陽貨)」. ; 孔子曰 過我門而不入我室 我不憾
焉者 其惟鄕原乎 鄕原德之賊也 曰 何如斯可謂之鄕原矣. 『맹자(孟子)』, 「진심장

그렇기에 "귀로는 저 헐뜯고 칭찬하는 말 듣지 않"[耳不聞其毁譽]으며 시속의 "시비에 입을 닫아 걸어"[口不言其是非]야 한다. 또한 헤진 옷도 충분히 따뜻하니 비단옷을 탐할 필요가 없다. 부귀에 대한 욕심을 가질 까닭도 없다. 세속의 영예와 부귀에 대한 욕심을 덜어 버려야만 안택의 크고 넓은 길을 향해 "구애됨 없이 평온하게[蕩蕩]" 따를 수 있다. 그것을 따르면 찬란하게 밝아 결코 어둡지 않을[曜此日之不微] 것이다. 바깥 세상이 어둡지 않아서가 아니라 마음이 늘 밝고 찬란하기에 어디서 무엇을 하든 혼몽(昏蒙)에 빠지는 일은 없게 된다.

저 도성 밖을 보니	瞻彼中郊
새는 날고 짐승은 뛰네.	鳥飛獸奔
깊은 산 집을 삼고	深山爲屋
골짜기로 문을 삼았네.	溪谷爲門
출입이 너그럽고 여유로워	出入閑閑
타고난 본성을 보존하네.	所性猶存
배고프면 열매 따먹고	饑食木實
목마르면 웅덩이 물 마시리.	渴飲汚樽
밭에 새가 있어도 그냥 두는 것은	田有禽兮不與
조수 가운데 원헌과 안회이기 때문이지	鳥獸中之原顏

그렇다면 그런 그가 돌아갈 곳은 어떤 모습인가. 얼핏 방외(方外)

구하(盡心·章句下)」.

의 삶에 다름없는 것처럼 보인다. 그러나 실제로는 형기에 구애되지
않은 너그럽고 여유로운[閑閑] 삶을 통해 본성을 지키는[性猶存] 곳
이다. 하늘의 품부받은 바 천지자연 그대로의 세계이다. 새는 날고
짐승은 뛰는 곳, 산이 집이 되고 골짜기로 문은 삼은 곳이다. 무엇
하나 꾸미지 않고 인간이 간여한 바 없는 본래의 곳이다. 그곳에서
의 출입과 생활에 누구도 막거나 간섭하지 않는다. "타고난 본성을
보존"[所性猶存]할 수 있는 곳, 본연지성이 그대로 지켜진 곳이다.
그런 곳이니 배고프면 열매를 따먹고 목마르면 마시면 그만이다. 외
물과 교접하여 부귀에 대한 욕심을 부릴 것도, 부족함이 있어 안달
할 것도 없는 곳이며, 자족의 편안한 삶을 누릴 수 있는 곳이다.

이런 삶의 지경에서 원헌(原憲)과 안연(顔淵)의 삶을 마주할 수 있
게 된다.[鳥獸中之原顔] 기실 원헌과 자공(子貢)의 대화는 이지함이
〈차도정절귀거래사〉에서 그려낸 삶의 방식을 대변한다.

자공은 화려하게 치장하고 원헌을 만나러 온다. 가난에 찌든 원
헌을 보고 자공은 무슨 병이 있냐고 놀라 묻는다. 그러자 원헌은 자
공에게 자신은 가난할 뿐이며 병은 없다고 한다, 그러면서 "대체로
시속의 평판을 바라고 행동하며 친한 사람을 모아서 무리를 짓고,
남에게 보이기 위해서 학문을 하며 남을 가르쳐서 자기의 이익을
꾀하고, 인의를 내세우며 사특한 짓을 하고, 거마를 호화롭게 장식
하는 일은 나로서는 차마 할 수 없는 일"이라고[31] 말한다. 원헌은 아

---

31 子貢乘大馬 中紺而表素 軒車不容巷 往見原憲 子貢曰 嘻 先生何病 原憲應之曰
   憲聞之 无財謂之貧 學道而不能行謂之病 今憲貧也 非病也 子貢逡巡而有愧色 原
   憲笑曰 夫希世而行 比周而友 學以爲人 敎以爲己 仁義之慝 與馬之飾 憲不忍爲

래에서는 습기가 올라오고 위에서는 비가 새는 집에서도 더 바라는
것 없이 거문고를 뜯고 노래하는 삶을 살았다던[32] 사람이다. 그는
비록 물질적으로 가난했지만, 정신적으로는 가난하지 않았고 편안
하고 여유로웠다. 원헌(原憲)은 안회(顔回)와 같이 진정 안빈낙도(安
貧樂道)를 했던 것이다. 이지함은 〈차도정절귀거래사〉를 통해 본연
그대로의 경지에서 그 무엇에도 얽매지 않고 즐겁게 생활하는 천방
(天放)의 실천을 말하고 있다.[33] 다만 사람들은 그 즐거움을 알지 못
하고 자신을 스스로 옭아맬 따름이다.

어찌 가장 영특한 인간이 도리어 어두워	何最靈之反昧
솥 속에 들어앉은 채 편하다고 하나	入鼎鑊而自安
내가 내 몸을 속이지 않는데	我不欺乎我身
누가 나를 지옥문으로 끌리오?	誰速我乎鬼關
온 몸에 갖추어져 쾌적한데	有百體而快適
여자처럼 엿봄을 부끄러워하노라.	愧女子之闚觀
너르고 먼 천지 내려다보고	瞰天地之闊遠
흰 구름 떠다니는 것을 보고 웃노라.	笑白雲之往還
소부는 어이하여 요순을 피하였고	巢何爲乎避堯

也. 『장자(莊子)』, 「양왕(讓王)」 8장.

32 原憲居魯 環堵之室 茨以生草 蓬戶不完 桑以爲樞 而甕有二室 褐以爲塞 上漏下濕
匡坐而弦歌. 『장자(莊子)』, 「양왕」 8장.

33 황인덕은 〈차도정절귀거래사〉의 "주요 주제는 '천방(天放)'과 '과욕(寡欲)'으로
요약할 수 있으며, 이는 곧 토정의 천성이자 평소 실천해온 생활신조이기도 했
다."고 했다. 이지함은 천방이나 자방(自放) 역시 욕심일 수 있다고 했던 사실이
나 주경궁리의 실천 방식이라는 점에서 황인덕의 주장에 다소의 이론(異論)이
있겠지만, 일면 타당한 지적이다. 황인덕, 앞의 논문, 2012, 17쪽.

관중은 어쩌다가 환공을 섬겼던가?   管何爲乎事桓

    그렇지만 대부분의 사람들은 허령(虛靈)한 본연지성의 밝음[明]을 버리고 욕심으로 인한 어두움에 갇혀 산다. 욕망의 다툼과 소인배들의 모함 속에, 솥에 삶아져 죽임을 당할 운명 속에 놓여 있으면서도 그것을 도리어 편안하다고 여긴다.[入鼎鑊而自安] 허령한 본연지성을 회복하는 것은 "내가 내 몸을 속이지 않는[我不欺乎我身]"것에서 시작된다. 그리고 그것은 부귀공명, 여색, 맛난 것과 따뜻함, 타인의 시비나 훼예 따위의 욕망에 얽매이지 않는 것이다. 사실 자신을 지옥문[鬼關]으로 이끄는 것은 자신일 뿐이다. 스스로의 결단과 실천이 필요하다. 그런데 사람들이 그렇게 하질 못하는 것은 모두 자기의 선택 때문이다. 소부는 요순을 피했지만, 관중은 환공을 섬겼다. 제 각각 자신의 삶과 지향을 선택하였으니 세상 누구를 탓할 까닭이 없다. 자신을 돌아보면 그뿐이다.

    인간의 몸과 마음에 천리가 이미 가득하다.[有百體而快適] 그런데도 사람들은 알지 못한 채 여자가 문틈으로 엿보는 것처럼 욕망의 세계를 끼웃댄다. 그것은 추한 행위일 뿐이다.[34] 활연(豁然)하게 시속의 예법과 타인의 시선에 구애됨 없이 그것을 삶에서 실천해야 한다. 넓게 펼쳐진 땅을 내려다보고 공활한 하늘의 구름을 볼 수 있어야 한다. 그리고 거침없는 상쾌함으로 웃어야 한다. 무엇이든 스

---

34 六二. 闚觀 利女貞 陰柔居乃 而觀乎外 闚觀之象 女子之正也 故其占如此 丈夫得之
    則非所利矣. 象曰 闚觀女貞 亦可醜也 在丈夫則爲醜也. 『비지현토 정본주역』,
    명문당, 1978, 124~125쪽.

스로가 선택하는 것인데, 사람들은 시속에 부대끼며 스스로를 옭아 맨 채 솥 속에 머물고들 있다.

돌아와야지	歸去來兮
중도를 밟으며 한가롭게 살리라	履中途而優遊
가난하기는 중자를 달가워 않고	貧不屑乎仲子
부유함은 염구를 부러워하지 않으리.	富不屑乎冉求
좋은 술, 기름진 안주는 없지만	無旨酒與佳肴
그런대로 즐기며 근심을 잊어야지.	可娛樂而忘憂

본연의 성(性)으로 돌아가면, 중(中)을 밟으며 화(和)를 이루어 편 안하고 한가롭게 지낼 수 있다. 다만 그것은 억지로 이룰 수 있는 것이 아니다. 오릉중자(於陵仲子)처럼 가난과 청렴의 강박에 휩싸인 삶을 지향하거나[35] 염구(冉求)의 부유함을 부러워하는 욕심을 내서 는 안 된다. 자신의 상황과 처지에 구애받지 않으며 결핍을 느끼지 않아야 한다. 지금 자신이 지닌 것에 만족하며 결핍을 느끼지 못해 야 하며 갈망이 없어야 한다. 술과 기름진 안주가 없어도 만족해야 하며, 억지로 만족한 척해서는 안 된다. 그래야 진정으로 근심 없이 즐거울 수 있다.[可娛樂而忘憂] 스스로 돌아보아 아니면서도 겉으로

---

35 曰仲子齊之世家也 兄戴 蓋祿萬鍾 以兄之祿爲不義之祿 而不食也 以兄之室爲不 義之室不居也 辟兄離母 處於於陵 他日歸 則有饋其兄生鵝者 己頻顣曰 惡用是鶂 鶂者爲哉 他日 其母殺是鵝也 與之食之 其兄自外至 曰是鶂鶂之肉也 出而哇之 以母則不食 以妻則食之 以兄之室則弗居 以於陵則居之 是尙爲能充其類也乎 若 仲子者 蚓而後充其操者也. 『맹자』, 「등문공하(滕文公下)」

그런 척 하는 것은 본성을 거스르는 것이다.

눈으로 보아도 오곡을 못 가리니	視不分於五穀
농사를 짓기란 쉽지 않구나.	難從事乎西疇
드넓은 바다	茫茫滄海
아득히 뜬 배 한 척	渺渺孤舟
구름 사이로는 중국을 손가락질하고	指雲間之華夏
태양 아래로는 청구를 바라보네.	望日下之靑丘
내 마음에 좋아하는 바를 따라	從吾心之所好
천방을 즐기며 두루 떠돌면서	樂天放而周流
장차 바람과 파도가 일 것을 알고는	見風濤之將起
고향에 돌아와 때로는 쉬기도 하네.	返故園而時休

이지함은 개개인의 기호에 어긋나는 일을 억지로 하지 않아야 중화(中和)할 수 있다고 말한다. 그래서인지 그는 자신의 기호와 성향을 분명히 알고 그것을 따랐다. 기실 눈으로 숙맥(菽麥)도 제대로 분간하지 못 하면서, 옛 사람들이 전야(田野) 사이에서 편안히 지냈다고 한 말에 무작정 따르는 것은 거짓된 행위이며, 자신을 속이는 것에 불과하다. 억지는 편안하거나 즐거울 수 없다.

산수 간에 살면서 농사를 짓고 자연과의 화합을 추구하는 삶이 모든 이에게 적합하지 않다. 오히려 호연(浩然)히 떨치고 나가 배를 띄워 세상을 돌아보는 일이 더 적합할 수 있다. 자신의 마음에 좋다면, 그것을 따라야 한다.[從吾心之所好] 그것이 진정한 천방(天放)이다. 천하를 주유하고 싶으면 주유하고, 폭풍이 거세 파도가 심하면 고향에 돌아와 쉬면 그뿐이다. 파도를 이기려고 하며 억지로 배를

타는 것도, 남들의 시선에 얽매여 전야(田野)에서 무료하게 사는 것
도 진정한 중(中)이 아니다. 자신이 배를 타고 세상을 떠돌았던 것처
럼 얽매임 없이 자유로워야 한다. 그래야 삶에 안타까움과 후회에
절은 탄식이 없게 된다.

아, 끝이로구나!	已矣乎
태평성대는 어느 때나 올 것인가?	泰和雍熙間何時
빠른 세월은 나를 기다려주지 않는 법	隙駒其過不我留
부지불온(不知不慍)은 누가 능히 하는가?	不知不慍孰能之
도연명의 거문고는 본디 줄이 없었다지.	陶琴本無絃
누가 종자기처럼 지음해줄 것인가?	誰爲種子期
단전에 기장과 피를 갈아	藝丹田之黍稷
부지런히 김매고 가꾸리라.	兹不怠乎耘耔
요순(堯舜)의 책을 궁구하고	書窮姚姒之書
은(殷)과 주(周)의 시를 읊으리.	詩詠子姬之詩
이런 마음으로 마음을 삼으니 잘못이 없음은	心此心而不疚
귀신에게 물어도 의심이 없으리라.	質諸鬼神而無疑

억지로 꾸민 것 없는 삶이나 남의 시선에 영합하지 않는 삶을 살
아간다는 것은, "아, 끝이로구나!"[已矣乎]와[36] 같은 체념과 포기의
탄식이 없다는 뜻이기도 하다. 스스로의 삶에 충분히 만족하며 즐거

---

36 子曰 已矣乎 吾未見能見其過 而內自訟者也.『논어』,「공야장(公冶長)」. 주희는
    "矣乎者"에 대해 "종내 그러한 사람을 얻지 못한 것에 대한 깊은 탄식"[=恐其終不
    得見而歎之也]이라고 주석했다.

울 수 있으니 무슨 탄식이 있겠는가. 마찬가지로 태평성대(太平聖代)
가 아니어서, 자신을 알아주는 이가 없어서 불우(不遇)하다고 말할
것도 없다. 사실 도연명은 누가 듣기를 기대하며 거문고를 뜯었던
것이 아니다. 도연명의 〈귀거래사〉 역시 자락(自樂)의 추구였을 따
름이다.

삶은 그저 단전(丹田)에 오곡을 심듯 마음의 곡식을 기르면 된다.
요순(堯舜)과 같은 성현의 책을 읽고 은주(殷周)의 시를 읊으며 살아
가면 된다. 그렇게 수기하며 살아가는 자세를 가지면 된다. 그러한
마음의 자세를 지닌 삶[=心此心而不灰]이야말로 허물할 것 없는 온전
한 삶의 자세이다. 그리고 그런 사실은 그 누구에게, 심지어 성현께
물어도 부정할 수 없는 참된 언명이다.[質諸鬼神而無疑]

이상을 보면, 〈차도정절귀거래사〉는 〈과욕설〉의 과욕을 통한 본
연지성의 회복, 천리가 온전한 마음의 회복을 노래한 것이라 할 수
있다. 본연의 마음이 형기[形氣]의 부림을 당하지 않는 삶의 자세에
대한 노래이며, 실천의 방식인 것이다. 실제로 그는 〈차도정절귀거
래사〉와 같은 삶을 살았다. 안명세나 장인 이정랑의 죽임으로 인하
여 피세한 것도, 이인으로 신선의 술을 공부하기 위해서 둔세한 것
도 아니었다. 오히려 욕심을 덜어내고 본연지성의 회복하여 부귀영
강(富貴靈强)의 세속적 욕구에서 한없이 자유로운 대인(大人)이 되고
자 했던 것이다.

그런 삶의 자세는 시속의 시선과 범절에서 벗어나 자재한 삶을
추구하는 타괴(打乖)의 지향이라고[37] 할 수 있다. 이지함은 그렇게
살아야 본연지성을 온전히 할 수 있다고 믿었고 또한 그것을 굳은

의지로 실천했다.

4. 맺음말

이상에서는 이지함의 수기(修己)와 처세(處世)의 근간이 되는 사상적 토대를 고찰하였다. 이지함은 성리학적 사유의 학문적 자장 속에 존재했던 인물이었다. 그럼에도 불구하고 그의 일상을 벗어난 행동으로 인하여 도불(道佛)과 관련된 인물인 것처럼 오해를 받았다. 이에 〈과욕설〉과 〈대인설〉, 〈피지음설〉과 〈차도정절귀거래사〉를 대상으로 이지함의 수기(修己) 공부와 처세 방식을 중심으로 살폈다. 이를 통해 이지함이 성리학자들의 일반적인 공부의 방식을 학문의 종지(宗志)로 삼았으며, 수기의 방법과 처세 역시 그러한 범주를 벗어나지 않음을 볼 수 있었다.

---

37 타괴(打乖)는 세상과 어르러지는 일을 벌이는 기괴한 행동만을 의미하지 않는다. 오히려 위선적이고 욕망에 찌들어 시속의 범절에서 맞추어 살지 않고, 이에서 벗어나거나 자재로운 삶을 살아 가는 것을 의미한다. 즉 향원(鄕愿)이 되지 않고 자연과 세상의 변화에 맞춰 편안하게 살아가는 삶을 가리킨다. 부족할 것 없는 안빈낙도의 삶이라 하겠다. 타괴를 지향한 소옹은 〈안락와중호타괴음(安樂窩中好打乖吟)〉이란 작품에서 외계의 변화에 따른 편안한 삶을 다음과 같이 노래했다. (安樂窩中好打乖 打乖年紀紀挨排 重寒盛暑多閉戶 輕暖初凉時出街 風月煎催親筆硯 鶯花引惹傍樽罍 問君何故能如此 祇被被才能養不才. 소옹, 『격양집(擊壤集)』권9.) 정호의 지적처럼, 소옹과 닮은 이지함 역시 타괴를 통해 그런 편안한 삶을 추구했다. 정호, 〈토정선생유고서〉 참조.

유자(儒者)는 "인욕을 없애고 천리를 보존하"[存天理滅人欲]려는 실천을 통해 본연지성에 따르는 삶을 살아야 한다고 믿었다. 그리고 이러한 삶의 지향과 실천은, 천하만물에 존재하는 천리를 인식하는 궁리(窮理)와 인욕(人慾)의 발동을 억제하는 내면적 수양으로서의 주경(主敬)이었다. 이지함 역시 이와 같은 주경궁리의 삶의 태도를 지향했다.

그것은 그의 〈과욕설〉에서 분명하게 드러난다. 그는 〈과욕설〉을 통해, '미발(未發)의 마음[心]에 대한 사유를 기반으로 무욕(無欲)을 지향했으며 그 구체적 실천 방법은 과욕(寡欲)'을 주장했다. 즉 욕심이 없는 상태로의 본연지성을 온전히 한 대인(大人)에 대한 지향을 드러냈다. 마음공부에 있어 과욕을 전면화하였다.

그리고 이런 마음공부와 처세의 방식은 〈차도정절귀거래사〉에서 구체적으로 확인된다. 그는 여기서 어떤 삶의 자세를 지니고 살아야 본연지성, 천리가 온전한 마음을 회복할 수 있는지를 노래했다. 즉 〈차도정절귀거래사〉는 본연의 마음이 형기[形氣]의 부림을 당하지 않는 삶의 자세이자 그 실천의 방식에 대한 노래인 것이다. 실제로 그는 〈차도정절귀거래사〉와 같은 삶을 살고자 했다. 그는 안명세나 장인 이정랑의 죽음으로 인하여 피세한 것도, 이인으로 신선의 술을 공부하기 위해서 둔세한 것도 아니었다. 오히려 욕심을 덜어내고 본연지성의 회복하여 부귀영강(富貴靈强)의 세속적 욕구에서 한없이 자유로운 대인(大人)이 되고자 했다.

그와 같은 삶의 자세는 시속의 시선과 범절에서 벗어나 자재한 삶을 추구하는 타괴의 지향이었다. 그는 〈차도정절귀거래사〉에서

노래한 삶을 통해 본연지성을 온전히 할 수 있다고 믿었다. 그는 성
인이 되는 길을 포기하거나 내팽개치지 않고, 주경궁리를 통해 성인
이 되고자 끊임없이 노력했다. 이것은 이지함이 초기 성리학자로서
개별화된 수신과 처세의 방식을 살아갔음을 뜻한다.

토정(土亭) 이지함의 애민 활동과 실천적 경제사상

김일환

1. 머리말

토정 이지함(李之菡:1517~1578)은 조선왕조 선조대의 처사(處士)형 학자이며 기행(奇行)으로 인해 많은 일화를 남긴 인물이다. 그는 벼슬살이를 거부하고 생애 대부분을 초야에 묻혀 살며 자유분방하고 방외(方外)적인 기질로 인해 곳곳에 많은 야사(野史)와 야담(野談)을 남겨 놓아 흔히 설화 속에 나오는 신비한 인물로 그려져 있다.

하지만 그의 행적을 자세히 들여다보면 그는 현실의 땅에 발을 딛고 자신의 학문과 사상을 정립했고, 애정어린 시선으로 백성의 고단한 삶과 고통을 직시하며 그들의 문제를 해결할 수 있는 방안을 찾으려고 부단히 노력한 실천적 경세가(經世家)였다. 따라서 고단한 백성들의 삶의 현장에 뛰어들어 현실의 사회적 모순을 지적하며 개방적이고 열린 사고로 이를 극복하려는 지성(知性)의 모습을 보여주고 있다.

토정은 만년에 경기도 포천과 충청도 아산에서 두 차례 현감(縣監)직을 역임하였다. 하지만 재임 시기는 포천에서 1년여였고, 아산에서는 불과 두 달여 근무하다가 순직함에 따라 짧게 끝났다. 그런데도 우리가 토정을 훌륭한 목민관(牧民官)으로 기억하는 이유가 무엇일까? 그것은 그가 평생을 체험하고 고민했던 삶의 철학과 신념을 순직할 때까지 부단히 실천하고 노력했던 자세와 모습이 아산지역민들에게 오랫동안 각인되어 있기 때문이다.

그는 두 지역 공히 진정으로 백성을 위하며 직무에 헌신했던 모범적인 복무 자세를 보여주었다. 그는 백성들의 곤궁하고 혹독한 삶을 개선하기 위한 정책 건의를 담은 두 편의 상소문을 중앙정부에 올렸다. 그 속에는 당시 고통에 찬 백성들의 삶의 실상이 생생하게 담겨 있을 뿐 아니라, 목민관으로서 직무에 충실했던 그의 열정과 민생의 안정과 개선에 고민하던 공직자의 복무 자세가 담겨 있다. 본 연구는 토정이 포천, 아산에서 보여준 애민 활동과 실천적 경제 사상에 대하여 상소문을 중점으로 분석하여 그의 진면목을 새롭게 조망해 보려고 한다.[1]

---

1 토정에 대해 참고될 만한 연구 성과는 다음과 같다.
신병주, 「토정 이지함의 학풍과 사회경제사상」, 『규장각』 19, 서울대 규장각, 1996. ; _____, 「이지함 기인인가, 실학의 선구자인가」, 『한국사인물열전 2』 한영우선생정년기념논총간행위원회, 돌베개, 2003. ; _____, 『이지함 평전』, 글항아리, 2008. ; _____, 「이산해의 학문적 기반과 현실인식」, 『아계 이산해의 학문과 사상』, 지식산업사, 2010. ; 전성운, 「아산현감 토정 이지함의 친민

2. 토정 이지함의 목민관 임용과 애민 활동

1) 생애와 기행(奇行)

토정 이지함은 한산 이씨로 목은 이색(李穡)의 6대손이며, 중종 12년(1517)에 태어나 선조 11년(1578)에 타계하였다. 그는 어려서 아버지를 여의고 형 이지번(李之蕃: ?~1575)에게 글을 배우다가 화담 서경덕(徐敬德) 문하에서 수학하였다. 그의 형 이지번은 퇴계 이황(李滉)과 깊이 교류한 절친(切親)으로 퇴계의 권유를 받아 청풍(淸風) 군수를 지냈다. 이지번의 두 아들 중 이산해(李山海)는 영의정을 지냈고 이산보(李山甫)는 이조판서를 역임하였다.[2]

하지만 토정은 관직에 전혀 뜻을 두지 않고 은둔과 기행(奇行), 그리고 유랑으로 지냈다. 그가 관직에 뜻을 두지 않은 것은 젊을 때 친구인 안명세(安名世)가 사관(史官)으로 있으면서 을사사화의 진상을 직필해서 특정기(特政記)에 넣어둔 것이 누설되어 권신의 미움을 받아 처형된 것을 보고 관직에 대한 혐오감과 인생의 허무를 느꼈기 때문으로 알려져 있다.[3] 그는 해도(海島)를 돌아다니며 거짓 미치광이 행세를 하며 세상을 피하였고[4] 과거에도 응시하지 않았다. 그러다가 그의 나이 57세가 되어서야(1573, 선조6) 유일(遺逸)로 특채되

정책과 사상적 배경」, 『아산 유학의 여러 모습』, 지영사, 2010. ; 김일환, 「토정 이지함의 목민관(牧民官) 활동에 대한 연구」, 『아산문화』 1, 온양문화원, 2020.

2 『선조수정실록』 9권, 선조 8년 12월 1일 을축, 전 내자시정 이지번의 졸기.

3 『선조수정실록』 20권, 선조 19년 10월 1일 임술, 『선조실록』 7권, 선조 6년 6월 3일 신해, 『선조실록』 7권, 선조 6년 6월 5일 계축.

4 『선조수정실록』 권20, 선조 19년 10월 1일 임술 조헌의 상소문.

어 포천[5]·아산 현감[6]을 차례로 지내게 되었다.[7]

토정은 기개와 도량이 비범하고 효성과 우애가 뛰어났다. 젊었을 때 해변에 어버이를 장사지냈는데, 조수가 조금씩 가까이 들어오자 면 장래에 물이 반드시 무덤을 침해하리라고 판단하고 제방을 쌓아 막으려고 하였다. 그리하여 우선 돌을 운반하여 배에 싣고 가서 포구를 메웠는데, 수없이 돈이 들었으나 스스로 벌어들여 준비하기를 귀신같이 하였다. 해구(海口)가 깊고 넓어 끝내 성공하지는 못하였으나 뜻만은 포기하지 않고 말하기를, "성공하느냐 못하느냐는 하늘에 달렸으나 자식으로서 어버이를 위해 재난을 막는 계획은 게을리할 수 없다."고 하였다. 평소 욕심을 내지 않고 고통을 견디며, 짚신에 죽립(竹笠) 차림으로 걸어서 사방을 다니며 도학과 명절(名節)이 있는 선비를 사귀었다. 그와 함께 이야기하면 기발하여 사람의 주의를 끌었으나, 혹은 수수께끼 같은 농담을 하며 점잖지 못한 자태를 보이기도 하였으므로, 사람들이 그를 헤아릴 수가 없었다고 한다.[8]

토정은 특이한 체질을 가지고 있었으며, 파격적인 기행을 하였다. 엄동설한에도 홑옷만 입고 지내기도 하였으며, 눈 위에 눕기도 하였다고 한다. 10여일씩 절식을 하기도 하였으나, 때로는 한 끼에 한 말의 밥을 먹기도 하였다고 한다. 충청도 보령에서 서울로 나들

5 『선조수정실록』 8권, 선조 7년 8월 1일 임인.
6 『선조실록』 12권, 선조 11년 5월 6일 병진.
7 『선조수정실록』 7권, 선조 6년 5월 1일 경진.
8 『선조수정실록』 7권, 선조 6년 5월 1일 경진.

이할 때에는 한꺼번에 한 말의 밥을 다 먹고 이틀간 걸어서 서울에
도착할 때까지 먹지 않았다고 한다. 그는 마포 강변에 토실(土室)을
지어놓고 밤에는 그곳에서 자고 낮에는 그 위를 거닐면서 정자 삼아
지냈다고 한다. 토정(土亭)이란 그의 호도 여기에서 연유하였다. 그
는 외출할 때는 무쇠솥으로 만든 관(冠)을 쓰고 다녔으며, 배고프면
그것을 솥으로 사용했다고 한다. 그는 항상 좌중을 웃기는 농담을
잘하였고, 익살 섞인 직언을 서슴없이 하였다고 한다. 그는 여행을
좋아해서 명승지를 두루 구경하였고, 배를 타고 제주에도 3번이나
갔다고 한다.

그는 사람을 사귐에 있어서도 귀천을 가리지 않았다. 그가 가장
존경하는 사람은 무명의 어부였고, 가장 사랑하는 제자는 노비 출신
의 서치무(徐致武)와 서기(徐起)였다. 그는 당대의 명사들과 교류하
였다. 이이(李珥)와는 나이를 넘어 친구로서, 조헌(趙憲)과는 사제간
으로서, 조식(曺植)과는 처사적 기질의 공유자로서 사귀었다.[9]

2) 목민관 임용과 애민 활동

(1) 토정의 등용과 포천현감 시절의 목민관 생활

토정은 선조 6년(1573)에 학행(學行)이 뛰어난 '유일지사(遺逸之
士)'로 발탁되어 등용되었다. 함께 천거된 인물은 전 참봉 조목(趙
穆), 생원 정인홍(鄭仁弘), 학생 최영경(崔永慶), 김천일(金千鎰) 등이

---

[9] 실학의 선구자 기인 경세가 이지함, 『韓國思想史』, 학문사, 2002.

었다. 이들은 특별대우를 받아 6품 참상관(參上官)에 제수되었다.[10]
토정은 형 이지번의 병문안 때문에 서울로 입성(入城)했다가 벼슬에
제수된 사실을 듣고는 귀를 씻고 돌아갔다.[11] 당시 토정뿐 아니라
최영경도 사직하고 숙배하지 않아 인사기관인 이조가 체차(遞差)하
자고 계청할 정도였다.[12] 토정이 이렇게 사환에 대해 강하게 거부감
을 가진 것은 상기했듯이 벼슬살이를 탐탁하게 생각지 않는 그의
삶의 태도 때문이었다.[13]

그러나 토정은 결국 포천 현감에 부임을 결정하였다.[14] 그 이유를

---

10 『선조실록』권7, 선조 6년 6월 3일 신해, 『선조실록』권7, 선조 6년 6월 5일
계축.
『石潭日記』卷 上, 만력 원년 계유 겨울(萬曆元年癸酉冬) 1573년(선조 6).
5월. 왕이 명하여 높은 행실이 있는 사람을 천거하라 하니, 이조에서 이지함(李
之菡)·최영경(崔永慶)·정인홍(鄭仁弘)·조목(趙穆)·김천일(金千鎰)을 천거하
거니 모두 육품관을 시키었다. 이지함은 기개와 도량이 범인과 다르고 효도와
우애가 남보다 뛰어났다. 젊을 때에 해변 후미진 곳에다 부모를 장사지냈더니
조수(潮水)가 차차 넘쳐 들었다. 오랜 세월 뒤에는 바닷물이 반드시 분묘를 쓸어
갈 것이라 염려하여 제방을 쌓아 물을 막으려고 곡식을 식리(殖利)하고 자재(資
財)를 모르는데 매우 근면하였다. 사람들이 힘을 헤아리지 않고 일을 계획함을
조롱했더니, 지함이 말하기를, "인력(人力)이 미치고 못 미치는 것은 내가 힘쓸
것이요, 일이 되고안되는 것은 하늘에 있다. 자식이 되어 어찌 함이 부족하다고
후환을 막으려 하지 아니하랴." 하였다. 바다 어귀가 넓어서 성공하지 못하였으
나 지함의 정성은 그치지 아니하였다. 본래 욕심이 없어 명리(名利)나 성색(聲
色)에는 담담하였으나 이따금 점잖지 못하게 농담도 하니, 남들이 그가 공부한
것을 알 수가 없었다.
11 『선조실록』권7, 선조 6년 7월 6일 갑신.
12 『선조실록』권7, 선조 6년 7월 12일 경인.
13 『土亭遺稿』권상, 「寡慾說」등 참조.
14 당시 사헌부에서는 뛰어난 인재를 왜 중앙관직에 발탁하지 않았는가로 반발했는
데, 선조는 어진 사람을 등용하는 것은 백성을 다스리기 위해서인데 백성 다스리

그는 '국왕의 은혜를 저버릴 수 없고, 깨끗한 조정은 쉽게 얻을 수 없는 것인데, 이 문제를 해결하고 싶은 포부가 있었다'고 술회하였다.[15] 하지만 토정은 제수된 지 1년여 만에 현감직을 사퇴하였다. 그가 목도한 포천 백성들의 처참한 삶의 문제점을 해결해 달라고 그가 제시한 정책 제안이 조정에서 거부됨에 따라 크게 실망한 결과였다.[16] 토정의 혼자 힘으로 적폐된 당시 사회문제를 개혁하기에는 현실의 벽이 너무 높았던 것이다. 율곡 이이도 토정의 좌절을 다음과 같이 『석담일기(石潭日記)』에 기록하고 있다.

8월. 포천 현감(抱川縣監) 이지함(李之菡)이 벼슬을 버리고 돌아갔다. 이지함은 포천에 곡식이 적어서 민생을 구제할 수 없음을 걱정하고, 어량(魚梁)을 떼어 받아, 고기를 잡아 곡식과 바꾸어 고을 비용에 보태려 하였으나 조정에서 듣지 않았다. 이지함은 본시 고을 원으로 오래 있을 생각은 없었고 다만 유희(遊戱)로 있었을 뿐이었기 때문에 그런 일이 있자 곧 관을 버리고 돌아간 것이다.[17]

토정이 첫 수령을 한 포천은 국초부터 땅이 척박하고 풍기(風氣)

는 데 쓰지 않고 어디에 쓰겠는가하고 거절하였다.(『선조실록』 권12, 선조 11년 5월 5일 을묘)

15 『土亭遺稿』 권상 莅抱川時上疏.
伏以臣。海上之一狂氓也。年將六十。才德兼亡。自顧平生。無一事可取。有司採虛名。主上加謬恩。委任字牧。分符畿甸。臣聞命兢悚。只欲循墻。而翻然自謂曰。聖上不可負。淸朝不易得。將竭臣駑鈍。盡臣譾薄。圖報乾坤生成之至恩。

16 『선조수정실록』 권8, 선조 7년 8월 1일 임인.

17 『石潭日記』 卷 上, 만력 이년 갑술(萬曆元年甲戌) 1574년(선조 7).

가 일찍 추워져 산물이 많지 않은 고장이었다.[18] 기근이 오랫동안 겹쳐 기본적으로 살기 어려운 곳인데다, 가혹한 착취까지 이어져 백성들의 고통이 컸다. 토정은 이러한 문제의 원인을 지나친 농업 중심의 사회 체제 때문이라 생각했다. 취약한 경제는 농본주의(農本主義)가 중심이고 상공업은 말업(末業)이라 소외되는 중본억말책(重本抑末策)에 원인이 있으며, 이를 타개하기 위해서는 모든 산업을 고르게 개발해야 한다는 것이 토정의 생각이었다.

한편 제도적인 모순도 지적하였다. 당시 국가가 지정한 공납물을 납부하지 못한 백성들이 유민(流民)이 되어 유리 도망하면, 남은 친인척들에게 연대 책임을 물어 핍박하던 족징(族徵), 인징(隣徵)의 제도적 폐해를 강하게 비판하였다. 또한 궁핍한 백성에게 조정에서 구휼미를 풀어 원조하는 방법은 임시방편이라는 것을 알고 있던 토정은 폐쇄적인 지역적 경계를 넘어서서 대승적인 차원에서 근본적이고 구조적인 문제해결을 도모하였다. 이는 군현 단위의 자급 자족적인 경제구조를 뛰어넘어 자유로운 물자의 유통을 주장한 것으로, 당시로서는 시대의 상식을 뛰어넘는 파격적인 방책이라 할 수 있다.

"모든 생산물은 다만 그 본래 나는 땅에서만 취하여 사용하도록 하고 타 지역에서는 그러지 못하게끔 금지하니, 매우 잘못된 일이 아니겠습니까? 비록 다른 지역이나 다른 구역이라 하더라도 왕토(王土)가 아닌 곳이 없습니다. 포천은 바다가 없으니, 해산물을 다른 지역에서 구하는

---

18 『세종실록지리지』경기 양주도호부 포천현.
厥土堉, 風氣早寒.

수밖에 없는데, 어찌하여 이것을 금지하십니까?"[19]

토정은 이를 실제적으로 이루어내고자 비교적 풍족한 산물이 나는 전라도 만경현의 양초도(洋草島)를 포천현에 편입시켜 양초도에서 생산되는 해산물을 곡식으로 바꾸고자 하였고, 황해도의 초도(椒島) 염전을 이용하여 포천의 지역경제를 살리고자 요청하였다. 어업과 염업은 포천과 관련 없는 분야이지만, 버려진 해변 지역의 물자를 방치하지 않고 적극적이고 융통성있게 활용하여 어려운 지역을 돕는 자원으로 활용하고 나아가 국부(國富)의 증진방식까지 생각한 것이다.

당시의 조선은 지배이념인 성리학의 명분에 매몰되어 이(利)를 천시하고 의(義)를 중시하던 시대였다. 성리학을 공부한 양반의 신분으로 이득을 추구하고자 하던 토정의 개혁구상은 많은 비난을 받았으나, 가난한 백성의 구휼을 위한 일은 사소한 이익 추구가 아닌 성리학적 의(義)의 완성이나 다름없다고 생각한 토정에게 그러한 비난은 문제가 아니었다.

"사적인 경영으로 이익을 좋아하고 남는 것을 탐내고 후한 것에 인색함은 비록 소인들이 유혹하는 바이고 군자가 가까이하지 않는 것이지만 마땅히 취할 것은 취하여 백성들을 구제하는 것 또한 성인의 권도(權道)입니다."[20]

---

19 『土亭遺稿』 권상 莅抱川時上疏.
20 『土亭遺稿』 권상 莅抱川時上疏.

이후 실학자들의 민본적 실용주의 노선은 이러한 토정의 발상과 본질적으로 다르지 않다. 토정의 노력이 당대에는 성공치 못했으나 많은 후대의 행정가들에 미친 영향은 매우 크다고 할 수 있다.

무너진 경제만큼이나 백성들을 괴롭힌 것은 잦은 역역(力役)의 폐해에 있었다. 토정은 잘못된 군역제도를 강하게 지적하며, 잘못된 행정제도가 얼마나 큰 문제를 일으키고 있는지를 상소를 통해 상기시킨다. 하지만 이러한 문제는 일개 지방 수령의 문제 제기로 쉽게 해결될 상황이 아니었다. 만성적인 국가재정의 위기와 함께 권귀층을 중심으로 형성된 권력의 남용과 이에 따른 부패구조의 형성 등 구조적인 사회문제가 도사리고 있었다. 토정의 모순척결과 개혁주장은 결국 좌절될 수밖에 없었던 것이다.

(2) 아산 현감 시절, 토정이 보여준 목민 행정

포천 현감을 사퇴할 때 만해도 토정은 지방 수령직에 큰 애착이 없었다. 따라서 민생을 도모하기 위한 자신의 정책 건의가 수용되지 않자 미련 없이 떠날 수 있었다.[21] 이후 토정은 4년간의 휴지기를 가진다. 그 기간에 형 이지번이 사망(선조8, 1575)하여 조카 이산해와 함께 삼년상을 치렀다.[22] 토정은 우애가 깊어 부모가 아닌 형인데도 심상(心喪) 3년을 하였다.[23]

---

21 『石潭日記』卷上, 萬曆元年甲戌 1574년(선조7).

22 『선조수정실록』권9, 선조 8년 12월 1일(을축) 전 내자시정 李之蕃 졸기.

23 『선조수정실록』권12, 선조 11년 7월 1일(경술) 이지함 졸기.

이 무렵 토정은 정치에 적극적인 태도를 보인다. 1576년 통진 현감으로 있던 제자 중봉 조헌을 찾아가 민심의 동요와 국가장래를 걱정하면서[24] 많은 충언을 하였다. 조헌은 토정이 많은 깨우침을 주었다고 회고하였다.[25] 1578년 3월에는 이이가 사간원 대사간에 제수되었지만 서울에 와 은명(恩命)을 사례한 뒤에 사직하자 적극적으로 만류하는 모습을 보이기도 하였다.[26] 이렇게 토정이 다시 정치에 큰 관심을 보이는 분명한 계기를 알 수 없다. 다만 이 무렵 동, 서 분당으로 당쟁이 본격화되었다. 또 1573년 8월 10일 군적(軍籍) 개정으로 민간이 소요해졌고, 1575년 3월 1일 새로 작성된 군적이 반포되는 등 민생이 위협당하는 정치, 사회적 변화가 진행되자 다시 사환키로 결심한 것이 아닌가 짐작된다.

이때 토정은 "내가 1백 리 되는 고을을 얻어서 정치를 하면 가난한 백성을 부자로 만들고 야박한 풍속을 돈독하게 만들고 어지러운 정치를 다스리게 하여 나라의 보장(保障)으로 만들 수 있을 것이다." 라고 말하며 목민관으로의 복귀를 강하게 희망하였다.[27] 그 결과 아산 현감으로 복귀할 무렵은 그가 경국제민(經國濟民)에 큰 의욕을 보

---

24 『土亭遺稿』 권하 遺事 出重峯子完堵所記.

25 『土亭遺稿』 附錄 祭土亭先生文(趙重峯).

26 『石潭日記』 卷 下, 만력 육년 무인(萬曆六年戊寅) 1578년(선조 11) 3월.
『선조수정실록』 권12, 선조 11년 3월 1일 임자.

27 『선조수정실록』 권12, 선조 11년 7월 1일 경술 이지함 졸기.
嘗曰: "得百里之邑而爲之, 貧可富, 薄可敦, 亂可治, 足以爲國保障" 末年赴牙山爲政, 其治以愛民爲主, 除害祛弊, 方有施設, 遽以病卒, 邑人悲之, 如喪親戚.
『土亭遺稿』 附錄 土亭先生墓碣銘 幷書 (李山海).

일 때였다.

　(3) 군역제도의 모순척결과 공납 폐단의 시정

　사림(士林)세력이 정국을 주도하기 시작한 16세기 중반 이후에는 새로운 사회적 문제가 제기되었다. 국역(國役)체제의 파탄으로 양인 농민층의 경제적 기반이 와해되면서 국가의 하위 실무행정조직인 지방 군현의 운영이 마비된 것이다. 국역체제의 파탄과 군현 운영의 피폐화는 양안이나 호적, 군적 등 각종 과세 대장에 의한 국역대상자의 파악을 어렵게 만들어 이들 대장은 허수로 채워지고 있었다. 이러한 상황에서 국가에서 양민과 수조지의 정확한 실수(實數)를 파악하려는 시도가 있더라도 그것은 제반 모순을 더욱 극대화시켰으며 그나마 부지하던 양인 농민층의 파탄을 부채질하는 결과를 낳고 말았다.[28]

　이러한 정치 상황에서 토정이 큰 의욕을 가지고 아산 현감으로 부임하였지만 아산의 현실은 만만치 않았다. 토정의 전임자인 윤춘수(尹春壽)는 선조대 명신이며 정치실력자인 윤두수(尹斗壽), 윤근수(尹根壽) 형제의 이복형이었다. 그는 아둔하고 용렬하여 백성들에게 피해를 끼친다고 사헌부에서 파직을 요구할 정도로 민심을 잃었다.[29] 그는 결국 백성을 보살피지 않고 재물을 탐한다는 악소문이

28 김성우, 사회경제적 측면에서 본 조선중기, 『대구사학』 46, 1993, 86쪽.
　『土亭遺稿』 권상 莅牙山時陳弊上疏.
29 『선조실록』 권12, 선조 11년 4월 13일 갑오.

퍼지고 고과 평점에 하위등급이 예상되자 겁이 나서 병을 핑계로 자진사퇴하고 말았다.[30]

신임 수령으로 부임하는 토정은 자신의 사환의 원칙을 정했다. 그것은 민생의 안정을 최고의 가치로 두고 현재의 정치는 백성들의 하늘인 민생을 소홀히 하고 업신여겨 잔혹스럽게 해악을 끼쳐 백성들로 하여금 하늘을 잃도록 만들고 있다고 생각하고 이러고도 나라가 보전됨이 어려울 것이라고 진단했다. 이것은 자신의 목민관 생활을 친민(親民), 애민(愛民)의 자세로 일관하겠다는 원칙으로 나타났다. 그 실천 방법으로는 민생을 해치는 적폐를 척결하고 백성을 살리는 구빈제도를 마련하고 그 시설을 확충하는 것이었다.[31]

그 첫 번째가 군역제도의 모순을 해결하는 것이었다. 토정은 부임 전에 아산은 부첩(簿牒)이 번다함이 다른 고을의 두 배나 되고 소송사건이 빈발하여 하루에 소장을 올리는 백성이 4, 5백 명이나 된다는 사실을 듣고 있었다. 토정은 처음에 이런 현상이 아산은 법률을 다툴 사안이 많고 백성의 풍속이 나빠서 그렇다고 생각했다. 하지만 부임하고 나서 보니 아산이 원통한 일이 다른 고을에 비교할 수 없을 정도로 많다는 것을 알게 되었다. 그것은 군적(軍籍) 작성의 폐단, 곧 군역의 모순이 심각했기 때문이었다.

조선왕조 16세기의 군역제는 15세기와 현격하게 달라졌다. 우선

---

30 『선조실록』 권12, 선조 11년 4월 20일 신축.

31 『선조수정실록』 권12, 선조 11년 7월 1일 경술 이지함 졸기.
『土亭遺稿』 附錄 土亭先生墓碣銘 幷書 (李山海).

군호(軍戶) 편성 원칙이 사라지고 개별 양인호에 대한 군역 편성이 이루어지기 시작했다. 입역 내용 또한 번상(番上) 시위로부터 잡역 동원으로 전환되었고 대립화(代立化)와 방군수포(放軍收布)의 경향이 노골화되었는데, 이것은 군역이 각 관청의 주요 수세원으로 인식된 것이다. 16세기 이후의 군역은 입역 대상자에게 의무만을 강요하고 그들의 재생산 기반을 외부로부터 교란시키는 또 다른 요인으로만 인식되었던 것이다.

군역은 원래 양인 상층을 중심으로 편제되었다. 그런데 군역이 양인층의 또 다른 부담으로 작용하면서 항산자(恒産者)를 중심으로 한 양인 상층이 군역을 기피하는 것은 당연했다. 따라서 군역의 주된 대상층이 일반 양인층으로 전환될 수밖에 없었고 국가 또한 군역 정책이 무항산자 위주로 편성되고 있음을 실토하고 있었다. 양인층이라는 이유만으로 군역이라는 또 다른 부담을 떠맡게 되었기 때문에 군적 작성시 양인층의 피역 행위는 매우 다양하고 그만큼 절박했다.

이미 중종 4년(1509)의 기사군적(己巳軍籍) 작성 시에 원호(元戶) 수준으로 떨어진 군역대상자들의 피역 행위는 명종 6년(1551)에 실시된 계축군적(癸丑軍籍)에서 그 절정을 이루었다. 몇 년간의 흉년과 전염병의 만연 그리고 도적이 곳곳에서 횡행하는 가운데 실시된 계축군적은 시행 당시부터 시기의 부적절성으로 해서 논란이 되었다. 하지만 군역에 편성된 자들의 많은 수가 경제력이 없는 자들로 채워졌다는 점에서 더욱 문제가 되었다. 이때의 군적에는 원액을 채워 넣는 데만 급급하여 양인 농민층뿐만 아니라 걸인(乞人), 사천(私賤)

과 같은 협호(夾戶)적 존재가 상당수 군역에 충정되었고 심지어는
나무. 돌, 닭. 개의 이름까지 도용하는 실정이었다. 이와 같은 현상
은 선조 7년(1574) 갑술군적(甲戌軍籍)을 작성 시에도 마찬가지였다.
군적 작성은 군역담당자의 경제력에서부터 장부 기재의 신뢰성에
이르기까지 개악되고 있었다. 16세기 중반 이후의 군적 작성 과정
에서의 일어난 문제점을 이지함은 다음과 같이 총괄적으로 지적하
고 있다.[32]

> 지난 계축군적(명종 8) 작성 시 지방관들이 쇄리(刷吏)들을 편달하여
> 양정(良丁)들을 많이 수괄하도록 했는데 쇄리들이 고통을 이기지 못해
> 병으로 죽음을 앞둔 노약자까지도 충정시키고 나무. 돌. 닭. 개의 이름
> 까지도 끌어대었다. 양정의 수가 다른 현보다 많을 경우 여정이라 하여
> 다른 고을에 이속시켰다. 갑술군적(선조7)을 작성할 때에도 감히 구액
> (舊額)을 고칠 수가 없었다. 실제로는 본 현의 백성으로 본 현의 군적에
> 올려도 오히려 부족한데 하물며 다른 고을의 군역을 질 수 있겠는가?[33]

이쯤 되면 당시 전국단위로 10여 만에 달하는 군역 자원의 파악
은 군역동원을 목적으로 한 것이기 보다는 차라리 해당 관청의 재정
을 보충해주는 수세원 확보에 더 큰 비중이 있었던 것이다. 이제 군
역은 양인층이 담당하는 조세로서의 역할을 담당하게 되면서 '양역
(良役)'으로 불리는 것이 일반적이었다.

---

32 김성우, 「16세기 국가재정의 위기와 신분제의 변화」, 『역사와 현실』 16, 1995,
180~186쪽.
33 『土亭遺稿』 卷上 莅牙山時上疏.

비록 군역의 추세가 이러했지만 국방의 필요성이 이전보다 약화된 것은 아니었다. 중종대 이래 남쪽에서는 왜구의 침입이 빈번해졌다. 북쪽에서는 여진족의 발호가 눈에 띄게 증가하고 있었다. 당시왜구는 16세기 들어 동아시아 해양환경이 급격히 변화되어 소위 '후기 왜구(後期倭寇)' 또는 '가정왜구(嘉靖倭寇)'의 시기에 접어들면서이전과 달리 제주도와 전라도 연안 지역이 왜구들의 주 활동 공간으로 바뀌었다.[34] 이 무렵 왜구들은 일본 큐슈 지방 나가사키 인근에있는 고토[五島]란 섬을 근거지로 하는 일본, 중국 연합해적단이 주축이었다.

이런 상황에서 국방의 중요성은 커가고 있었지만 날로 허소해지는 군적을 가지고는 전쟁을 수행할 수 없었다. 국방 강화를 위해서는 새로운 방법에 의한 군역 자원의 확충과 군대 편제가 이루어져야했다. 이러한 상황에서 아산은 다른 곳보다 문제가 더욱 심각했다. 그것은 명종 6년(1551)에 실시된 '계축군적(癸丑軍籍)' 당시 아산의수령이던 신명수(申秀溟),[35] 정기(鄭耆),[36] 한흥서(韓興緖) 등이 모두문음(門蔭)으로 출사한 인사(人士)들이었다. 그중 한흥서는 심의겸(沈義謙)의 장인인데 사돈은 명종의 장인인 심강(沈綱)이었다. 따라서 한흥서는 사돈의 세력을 믿고 탐학한 짓을 많이 한 탐관오리의

---

34 윤성익, 『명대 倭寇의 연구』, 경인문화사, 2007, 215~242쪽.

35 『명종실록』 권10, 명종 5년 11월 28일 정사.

36 중종 17년(1522) 임오(壬午) 식년시에 [진사] 3등 67위(97/100)에 합격한 인물로
   1540년(중종35)에 일사(逸士)로 천거를 받았다.(『중종실록』 93권, 중종 35년
   7월 16일 을사)

전형적인 모습을 보여주었다.[37]

이와 같이 16세기 수령 임명자는 모두 세가(世家)의 자제, 친척, 사인이라는 평이 있을 정도로 권귀층과 연결되어 있었다.[38] 이 때문에 외척 중에 어리고 어리석은 자들과 권문세가의 자제들이 부유한 고을에 제수되기를 구하여 고을과 백성들을 병들게 하고 괴롭히는 것이 풍조였다. 그런데도 부형이 된 자나 족척(族戚)이 된 자들이 세력을 믿고 극진히 비호하므로 방백들도 그 사이에 손을 대지 못하였다. 그 결과 국왕인 명종도 수령제의 모순을 다음과 같이 개탄하고 있다.

"친민(親民)의 관리로는 수령(守令)이나 방백(方伯)보다 더 절실한 존재가 없다. 만약 출척(黜陟)을 엄명하게 하지 않는다면 말세의 폐단을 무엇으로 구원할 수 있겠는가. 옛날의 수령은 백성을 사랑하는 것으로 일을 삼았으나 지금의 수령들은 백성들을 수탈하여 자신만을 살찌우고 있다. 그 까닭에 으레 외직 구하는 것을 좋아한다. 인심이 이 지경이 되어 이욕이 충일하여 자상한 수령은 적고 탐학한 수령이 많아 백성들이 떠돌아다니게 되고 읍들은 거의 쇠잔, 피폐해졌으니 참으로 한심스럽다. 지금 이후로는 출척을 엄격하고 공정하게 하며 만약 형벌을 남발하는 탐학한 수령이 있으면 계문하여 무거운 벌로 다스리고 또 선정을 펴는 수령도 찾아 계문할 것을 팔도에 하유(下諭)하라."[39]

37 『명종실록』 20권, 명종 11년 3월 5일 갑자.
38 임용한, 『조선전기 수령제와 지방통치』, 혜안, 2002, 343쪽.
39 『명종실록』 권30, 명종 19년 7월 27일 정묘, 『명종실록』 권31, 명종 20년 10월 10일 계유, 『선조실록』 권206, 선조 39년 12월 15일 기유.

이러한 수령들은 군적(軍籍)작성 시에 아전(衙前)을 독촉하여 허위로 과도하게 명부를 작성하였고 1574년(선조7)에 '갑술군적'을 다시 작성할 때 그동안의 문제점을 시정하지 않고 그대로 두었다. 이 때문에 심한 질병을 앓고 있으면서도 군역을 면제받지 못하는 사람, 70세의 고령인 자가 군역을 면제받지 못하는 경우도 있어 민심이 동요되고 민원이 자자해 질 수 밖에 없었던 것이다.

한편 토정이 두 번째로 한 일은 백성을 괴롭히는 공납의 폐단을 고치는 것이었다. 당시 토정은 백성들의 질고를 직접 물어 아산에 어지(魚池)가 있어 괴로운 것이 된다는 사실을 알게 되었다. 대개 읍에는 양어지(養魚池)가 있으며, 백성들을 시켜 돌려가며 고기를 잡아들이게 하므로 영세민들이 심히 괴로워하였다. 이지함은 그 연못을 없애버려 후환을 영영 끊어버렸다 한다. 이렇게 토정이 명령을 내리는 것은 모두 애민(愛民), 곧 백성을 사랑하는 것을 위주로 하였다.[40]

(4) 관아의 이건(移建)과 교화정책 실시

아산현 읍지인 『신정아주지(新定牙州誌)』에는 원래 아산현 관아가 지금 관아 터에서 동쪽으로 2리 정도에 있었고 토정 이지함이 현재 위치로 이전하였음을 알리는 기사가 있다.[41] 향교도 이전에 현

---

40 『석담일기』 하권 만력 육년 무인(萬曆六年戊寅) 1578년(선조 11).

41 李浩彬, 『新定牙州誌』, 館舍(奎 17384).
衙官舊在縣東二里知縣李之菡移構于此 閱武堂 官廳 鄉廳 椽廳 軍官廳 客館在衙舍東北

(縣)의 동쪽에 있었는데 토정 이지함이 현감 재임 중에 이전하여 개
건(改建)하였음을 기록하고 있다.[42] 하지만 관아를 이전할 수밖에 없
는 사유에 대해서는 설명이 없다. 짐작컨데 조수(潮水)에 의한 빈번
한 침습이 이유가 되지 않을까 짐작된다. 구전에 의하면 원래의 관
아 터는 현재 성내리 2구 안골이라고 한다. 이곳에는 현재도 옛 건
물의 주춧돌, 기와 조각이 남아 있는데 음봉 고을의 터라고 전해오
며, 한편으로는 황촌 부곡터라고도 한다.[43] 토정에 의해 이전될 당
시의 아산현 관아가 어떤 모습인지는 기록이 없어 확실치 않다. 이
후 1597년 정유재란을 겪으며 아산현 관아가 현저히 파괴되었을 것
으로 짐작이 된다.

한편 향교의 이건과 함께 교화를 위해 향교[縣學]의 유생들을 교
유(敎誘)하여 문무(文武)의 재주를 강습시켜 국가에 쓰일 수 있는 자
질을 갖추도록 하였다.[44] 이것은 고을의 향교에서 문무의 재능을 겸
비한 인재를 길러 국가의 쓰임에 대비한 것으로 조헌은 그러한 토정
의 계획과 재능은 은연중 공맹(孔孟)의 풍도(風度)가 드러났다고 평
가하였다.[45]

---

42 李浩彬, 『新定牙州誌』, 學校(奎 17384).
   鄕校在官南二里 舊在縣東 萬曆庚戌知縣李土亭之菌移建于此
   그러나 1610년(광해군2)에 토정 이지함이 현재의 자리로 이건했다는 기록은 사
   실에 맞지 않다. 토정은 1578년에 아산에서 순직했기 때문이다.
43 온양문화원, 『온양아산 마을사』 2권, 2001, 304쪽.
44 『土亭遺稿』 土亭公諡狀(李觀命).
45 『선조수정실록』 권20, 선조 19년 10월 1일 임술, 조헌의 상소.

(5) 자조형 복지정책의 실행과 구빈 시설의 설치

토정이 아산 현감 재임시에 가난한 백성을 위한 구빈 시설을 짓고 관내 걸인들을 수용하고 그들에게 생업을 위한 기술을 가르쳐서 스스로 의식(衣食)을 해결하도록 하는 자립심을 키워주었다는 것은 주지의 사실이다. 이 시설을 소위 "걸인청(乞人廳)"이라 하는데 현재 아산현 관아에서 가장 논쟁이 되는 건물이다. 걸인청은 1578년 토정 이지함이 아산 현감으로 부임하여 빈민을 구제하기 위해 지은 건축물로 언급되고 있다. 걸인청의 설치 유무와 이 시설이 아산에 존치했음을 알리는 직접적인 사료는 없다. 다만 사실을 유추할 수 있는 자료는 다음 기사와 같이『선조수정실록』의 이지함 졸기(卒記)에서 확인된다.

> 말년에 아산군에 부임하여 정치를 하게 되었다. 그의 정치는 백성 사랑하는 것으로 주장을 삼아서 해를 없애고 폐단을 제거하며 **한창 시설을 갖추어나갔는데** 갑자기 병으로 졸하니, 고을 사람들은 친척이 죽은 것처럼 슬퍼하였다.[46]

---

46 『선조수정실록』12권, 선조 11년 7월 1일 경술.
末年赴牙山爲政, 其治以愛民爲主, 除害祛弊, **方有施設,** 遽以病卒, 邑人悲之, 如喪親戚
1641년(인조19) 2월에 대제학 李植의 상소로 수정을 결의하고, 이식에게 수정을 전담시켰다. 이식이 수정을 시작한 것은 2년 뒤인 1643년(인조21)부터이다. 1646년(인조24) 1월에 이식이 다른 일로 파면되고, 곧 사망하여 수정 사업은 중단되었다. 1657년(효종8) 3월에 이르러 수정실록청을 다시 설치하고 領敦寧府事 金堉과 蔡裕後 등으로 하여금 계속 사업을 펴게 해 그해 9월에 완성을 보았다. 이 수정실록은 1년을 1권으로 편찬했기 때문에 총 42권으로 이루어져 있다. 선조 즉위년부터 29년까지의 30권은 이식이 편찬했고, 30년부터 41년까지의

　위 실록 기록은 토정이 사망한 지 68년이 지난 후인 1646년(인조
24)에 기존의 『선조실록』을 보완하여 수정실록을 편찬하면서 새로
첨부된 사실이다. 여기서 '**한창 시설을 갖추어나갔는데**'라는 부분에서
말하는 시설이 무엇인지는 분명치 않으나 빈민을 위한 구빈 시설일
가능성은 충분하다. 따라서 토정 이지함이 아산 현감 시절에 아산현
에 구빈 시설을 설치, 마련했다고 믿어도 좋을 것이다.

　현재 걸인청 설치와 관련된 자료로 좀 더 구체적인 이야기는 이
지함의 『토정유고(土亭遺稿)』에 나오는 「출혹인기사(出或人記事)」
가 최초의 기록이다. 여기에 나오는 구빈 시설 관련 내용은 아래와
같다.

　"선생은 백성들이 떠돌아다니며 다 헤진 옷에 음식을 구걸하는 모습
을 불쌍히 여겼다. 이에 <u>가난하고 굶주린 백성들을 위해</u> **큰집을 짓고**
<u>거처하도록 하고, 수공업을 가르쳤다.</u> 사농공고(士農工賈) 가운데 일정
한 직업을 선택하도록 설득한 다음 직접 얼굴을 맞대고 귀에다 대고 일
일이 타일러 가르쳐 주었다. 이렇게 각자 그 의식(衣食)을 마련할 수
있도록 했는데, 그 가운데 가장 능력이 뒤떨어진 사람에게는 볏짚을 주
어서 짚신을 삼도록 했다. 몸소 그 작업의 결과를 따져서 하루에 열 켤
레를 만들어 내면 짚신을 시장에 내다 팔도록 했다. 하루의 작업으로
한 말의 쌀을 마련할 수 있었다. 또한 그 이익을 헤아려서 옷을 만들도
록 했다. 이렇게 하자 두어 달 동안에 사람들의 의식(衣食)이 모두 넉넉
해졌다."[47]

　12권은 채유후 등이 편찬하였다.
47 『土亭集』 土亭先生遺事 卷 下.

위 기사는 지금까지 「출혹인기사」라고 해서 이 기사의 기록자가 누구인지, 언제 만들어진 자료인지가 분명치 않아 토정의 구빈 시설 설치에 대해 실체와 정확한 설치 시기를 파악하는데 제약이 컸다. 그런데 이 기사는 당시 유명 문인(文人)이며 정치가로 조선시대 선조대에서 인조대에 걸쳐 벼슬한 유몽인(柳夢寅, 1559~1623)의 『어우야담(於于野談)』에 나오는 기사와 대동소이하다. 따라서 『토정유고』에서 말하는 혹인(或人)은 바로 유몽인을 지칭한 것이다. 다음은 『어우야담』에 나오는 토정(土亭) 관련 기사이다.

"이지함은 백성들이 떠돌아다니며 다 헤진 옷에 음식을 구걸하는 모습을 불쌍히 여겼다. 이에 가난하고 굶주린 백성들을 위해 **큰 움막을 짓고** 거처하도록 하고, 수공업을 가르쳤다. 사농공상(士農工商) 가운데 일정한 직업을 선택하도록 설득한 다음 직접 얼굴을 맞대고 귀에다 대고 일일이 타일러 가르쳐 주었다. 이렇게 각자 그 의식(衣食)을 마련할 수 있도록 했는데, 그 가운데 가장 능력이 뒤떨어진 사람에게는 볏짚을 주어서 짚신을 삼도록 했다. 몸소 그 작업의 결과를 따져서 하루에 열 켤레를 만들어 내면 짚신을 시장에 내다 팔도록 했다. 하루의 작업으로 한 말의 쌀을 마련할 수 있었다. 또한 그 이익을 헤아려서 옷을 만들도록 했다. 이렇게 하자 두어 달 동안에 사람들의 의식이 모두 넉넉해졌다."[48]

先生哀流民敝衣乞食 **爲作巨室以舘之 誨之以手業** 於士農工賈無不面喻耳提 各周其衣食 而其中最無能者 與之禾藁使作芒鞋 親董其役 一日能成十對 販之市 一日之工無不辦一斗米 推其剩以成衣 數月之間 衣食俱足 而不勝其苦 多有不告而遁者 以此觀之 盖見生民因惰而飢 雖疲癃百無一能 而未有不自爲芒鞋者 先生之示民近效 妙矣哉. 出或人記事

　　상기한 두 개의 사실 자료를 비교해 보면 소위 걸인청과 관련되
는 최초의 언급은 유몽인의 『어우야담』[49]에서 비롯된 것임을 알 수
있다. 토정은 유몽인이 20세가 될 때 별세했다. 유몽인은 정치적으
로 토정의 조카인 이산해와 함께 북인(北人) 당파의 핵심 인물이었
다. 북인은 광해군대 집권 세력이었는데 유몽인은 광해군에 의한 인
목대비의 유폐를 반대하다가 파직되었다. 칩거 중에 인조반정이 터
졌고, 유몽인의 아들이 광해군 복위운동에 참여하다 발각되자 여기
에 연루되어 사형에 처해졌다. 이후 유몽인은 오랫동안 신원되지 못
하고 역적으로 취급되다가 1794년(정조 18)에 와서야 관작이 회복되
고 신원되었다.[50] 따라서 1652년(효종3)에 간행된 『토정유고』에서
공식적으로 유몽인의 성명을 밝히고, 그의 글을 인용할 수 없어 「출
혹인기사」라고 익명으로 처리한 것이었다. 따라서 걸인청에 대한

48　柳夢寅, 『於于野談』 卷2.
　　李之菡哀流民敝衣乞食 **爲飢民作巨竇以舘之 誨之以手業** 於士農工賈無不面論耳
　　提 各資其衣食 而其中最無罷者 與禾藁使作芒鞋 親課其役 一日能成十對 鞋販之
　　市 一日之工無不辦一斗米 推其利以成衣 數月之間 衣食俱足 而不勝其苦 多有不
　　告而遁者 以此觀之 益見民生因惰而飢 雖疲癃百無一能 而未有不自爲芒鞋者 之
　　菡之示民近效 妙矣哉.

49　5권 1책. 활판본. 당초 10여 권이었으나, 저자가 모반의 혐의로 刑死됨에 따라
　　많이 산질되었다. 1832년(순조 32) 『於于集』을 발간하면서 종후손 금(琹)이 『於
　　于野談』의 유고를 수집하여 간행하고자 하였으나 뜻을 이루지 못하였다. 그 뒤
　　에도 줄곧 필사본으로 전하여 왔는데, 필사의 과정에서 여러 종류의 抄寫本이
　　나타났다. 1964년 그의 종후손 濟漢이 가전의 잔존본에 여러 이본을 수집, 보충
　　하고 부문별로 나누어 5권 1책으로 간행하였다. 책머리에는 유몽인의 영정과
　　遺墨, 이어 柳永善의 서문, 成汝學의 舊序文(1621)과 연보를 실었다. 책 끝에
　　종후손 제한의 발문이 붙어 있다.

50　『정조실록』 40권, 정조 18년 5월 12일 무술.

최초의 발설자인 유몽인이 토정과 동시대를 살았고 이산해를 통해
토정 집안의 사정을 잘 아는 인물이라는 점에서 그가 언급한 걸인청
의 존재는 역사적으로 실재했음을 인정해도 될 것이다.

다만 여기서 토정이 빈민구제시설을 설치하며 그 청사를 "걸인
청(乞人廳)"이라고 명명했는가하는 점은 매우 회의적이다. 현재 조
선 정부가 간행한 각종 관찬 사서나 토정의 문집, 동료 학자, 문인
(門人)들의 어느 글에도 "걸인청"이란 용어는 없다. 아마도 근대, 혹
은 해방 이후에 누군가에 의해 작명된 조어(造語)인 것으로 짐작된
다. 근래에 다시 추적해 본 결과 역사학자 이이화(李離和)가 1983년
경향신문에 걸인청을 처음 언급한 사실이 확인되었다.[51] 또 그해 이
외수(李外秀)의 경향신문 연재소설 '축제의 집'에서도 걸인청을 언
급한 사실이 확인된다.[52] 1991년 이재운 작가의 『소설 토정비결(土
亭秘訣)』이 크게 히트하자 이 소설에서 언급한 걸인청이 유명하게
되었다. 물론 더 추적을 해 보아야 하겠지만 걸인청이란 용어는
1980년대 조어(造語)되어 소설을 통해 널리 확산되었음을 알 수
있다.[53]

한편 소위 '걸인청'이 실재했다면 현재 아산현 관아의 어느 장소

---

51 경향신문, 1983.8.6.(6) 「先人交友錄」, 율곡과 토정.

52 경향신문, 1983.12.26.

53 임선빈, 「걸인청의 역사적 실재와 활용방안」, 『토정 이지함과 걸인청의 역사문
화적 가치와 활용 의정토론회』, 2015. ; 『걸인청(乞人廳) 고증 및 활용방안 학술
용역 결과보고서』, 아산시, 2017. ; 방기철, 「이지함의 빈민구제 활동과 걸인청」,
『한국사상과 문화』 92, 2018. ; 유춘동, 「토정 이지함의 관련 자료로 본 걸인청
의 복원문제」, 『한국사상과 문화』 94, 2018.

에 위치했을까 하는 점도 논쟁이 되었다. 현재 아산현 관아의 실재 모습을 확인할 수 있는 자료는 규장각에 소장된 1872년 지방도의 아산현 지도이다. 이 지도는 19세기 후반의 아산현 관아의 위치와 건물 배치, 건물명을 자세히 그림으로 표시한 것으로 아산현 관아를 복원한다면 반드시 참고해야 할 자료이다. 하지만 토정 사후 3백여 년이 지난 뒤의 아산현 관아의 모습이라 이 지도를 바탕으로 토정이 살았던 시대의 아산현 관아를 추정하기란 사실상 불가능하다. 그 이유는 첫째, 토정이 설사 '걸인청'이란 시설을 설치했어도 토정 사후에 후대까지 계속 걸인청이 존치되었을까 하는 의구심이 있기 때문이고, 둘째 토정 사후에 임진왜란과 같은 대전란이 아산을 휩쓸었뿐 아니라, 누대에 걸쳐 관아 건물이 새롭게 개축, 증축으로 변형되어졌기 때문에 특정 건물을 걸인청이라고 지칭하기가 사실상 어렵다는 사실이다.

현재 아산현 관아의 일부였던 부속 건물을 걸인청이라는 지칭하는 속설이 있다.[54] 하지만 이 건물은 1872년 아산현 지방도에는 '서원청(書員廳)'으로 표시되어 있다.[55] 이 서원청은 필자의 추측으로는 19세기에 와서 지어진 것으로 짐작된다. 이 건물이 이전의 걸인청이라는 것은 문헌적으로 아무런 근거가 없다. 현재 이 건물은 소멸된 것이 아니고 1997년에 향교 옆으로 이건하여 향교의 관리사로

---

54 황원갑, 『歷史人物紀行』, 한국일보사, 1988, 156~169쪽.
55 書員廳은 관아 입구에 설치되어 수세를 담당하는 임시기구였으나 점차 상설 기구화되었다.

쓰이고 있다.[56]

마지막으로 소위 걸인청의 모습과 크기는 어떠했을까? 유몽인이 언급한 사료에는 토정이 빈민을 위해 "거두(巨竇)"를 지었다고 했다. '두(竇)'는 움집을 뜻한다. 이 말이 사실에 근사하다면 걸인청은 큰 규모의 움집 형태로 지어졌고 초가지붕을 했을 가능성이 크다. 그런 데『토정유고』에는 이 말을 바꾸어 "거실(巨室)"로 표기하고 있다. 어떤 말이 사실에 근사한 지는 현재 논하기 쉽지 않다.

3. 토정 이지함의 실천적 경제사상

1) 토정 이지함의 경세론(經世論)

토정이 살던 조선의 16세기는 과전법, 양천제적 국역체제, 부병제적 군역체제 등에 입각한 국가재정 체제가 크게 흔들리고 있었다. 당시 양안과 호적, 군적 등 국가재정 운영을 위한 기초자료가 제대로 작성되지 않는 상황이 전개되었다. 왕실의 재정지출이 심해지면서 만성적인 재정적자를 겪게 되었고, 시간이 흐를수록 적자 폭이 커졌다. 이로부터 새로운 재원의 확보가 절실히 요구되었고, 특히 공물과 진상의 증가가 두드려졌다.

이와는 별도로 왕실과 관료들의 공권력을 이용한 불법적인 부의

---

56 영인향토지편찬위원회,『牙山靈仁鄕土誌』, 2005, 179쪽.

축적 현상도 두드러졌다. 이러한 변화 속에 주된 부담층인 양인 농민층의 가계가 침탈되어 그들의 생산 기반 파탄도 시간이 흐를수록 늘어났다. 이 결과 지방 군현의 재정도 악화되었고 군현 재정의 악화는 농민 침탈을 가중시키는 악순환으로 이어졌다. 이로써 국가재정 전반에 걸친 위기 국면으로 치닫게 되었다. 국가재정이 파탄으로 기우는 상황에서 국가의 재정 확충 노력은 양천 신분제의 틀에 의해 왜곡 적용되어 양인층의 부담을 가중시켰을 뿐이었다. 또한 16세기의 수령들은 15세기를 거치는 동안 강화된 수령권을 바탕으로 개인 차원의 비리를 다방면으로 저지를 뿐만이 아니라 훈척 세력의 권력 남용에 따른 비리 실행기구로 기능하였고, 토호(土豪)들의 향촌 사회 공동의 이익을 무시한 작폐도 계속되고 있었다.[57]

토정은 조선 중기사회에서는 드물게도 당시 조선이 처한 농업사회의 현실과 한계를 가장 잘 인식하고 있었다. 그는 농업이 가진 생산력의 한계뿐 아니라 생산 관계에서 보여주는 16세기 지주전호제의 모순을 잘 간파하고 있었던 것이다. 따라서 저급한 생산력에 근거한 농업 중심 사회의 한계를 뛰어넘어 가난한 민생을 회복할 방법을 고민하였다. 조선과 같은 농본주의 사회에서는 농사가 근본이요 상업·수공업·광업 등은 말업(末業)에 지나지 않는다. 토정은 포천 현감으로 있을 때 올린 상소에서 국부(國富)의 증대와 민생의 안정을 위한 구체적인 대안을 다음과 같이 제시하였다.

---

57 오종록, 「16세기 조선 사회의 역사적 위치」, 『한국역사연구회 회보』 22, 한국역사연구회, 1994.

땅과 바다는 백 가지 재용(財用)의 창고입니다. 이것은 형이하(形而
下)의 것입니다. 그러나 이것에 의존하지 않고 능히 국가를 다스린 이
는 아직 없습니다. 진실로 이것을 개발하면 사람에게 주는 그 이로운
혜택이 끝이 없습니다. 또한 씨 뿌리고 거두고 나무 심는 일은 진실로
백성을 살리는 근본입니다. 때문에 '은(銀)은 부릴만하고 옥은 캘만하
며, 고기는 건질만 하며, 소금은 구울만하다'에 이르게 됩니다. 사(私)
를 경영하여 이익을 좋아하고 남는 것을 탐내 후한 것에 인색함은 소인
들이 알 요, 군자가 탐탁히 여길 바 아니지만, 마땅히 취할 것을 취하
여 백성들의 목숨을 구제하는 것 또한 성인(聖人)의 방편입니다.[58]

이와같이 토정은 땅과 바다를 온갖 재용(財用)의 창고라 하여 토
지와 해양의 경제적 가치에 주목하였다. 그리고 땅과 바다의 자원개
발을 통해 취할 수 있는 이익의 유용성에 대해 논하고, 이것을 통해
백성을 살리고 나라를 부강하게 하는 것은 성인의 권도(權道)라 하
였다.

토정은 국부(國富)의 증대와 민생에 유용한 것이라면 어떤 산업
이나 자원이라도 개발해야 한다는 신념과 유통경제의 중요성을 강
조하고 있다. 이 점에서 토정 이지함을 조선 중기를 대표하는 경제
학자, 나아가 조선시대 대표적인 경제 이론가이자 실천가라 칭해도
좋을 것이다.

---

58 『土亭遺稿』, 卷上, 莅抱川時上疏.

2) 중상주의(重商主義) 경세가 토정 이지함

조선왕조는 전통적으로 농업사회였다. 따라서 국가 경영의 기본
토대가 농본주의에 기초하고 있었다. 농본주의에서는 농사가 근본
이요, 상업·수공업·광업 등은 말업(末業)에 지나지 않는다. 따라서
조선 사회는 후기에 실학자들이 나타나기 전까지 오랫동안 농본주
의적 억말론(抑末論)의 사고 유형에서 벗어나지 못했다.

그 이유는 조선왕조와 같은 봉건사회를 뒷받쳐 주는 전통 유가
(儒家)의 경세 사상에서는 농업을 근본으로 삼고 있어 말업이 성행
하면 농업 종사자의 인구가 빠져나가 농업이 피폐하게 된다고 하
여, 농업과 말업의 관계를 상보적 관계로 보기보다는 적대적 관계
로 보았기 때문이다. 토정도 기본적으로 보면 농본주의에서 벗어난
것은 아니지만 그는 이 농업과 말업의 관계를 상보적 관계로 보았
다. 그는 『대학(大學)』에 나오는 '덕본재말론(德本財末論)'을 인용해
다음과 같이 양자의 보완과 구비를 강조하였다.

 덕(德)은 근본이고 재물은 말단이지만 본(本)과 말(末)이 상호보완하
고 견제해야 사람의 도리가 궁해지지 않습니다. 재물생산에도 본과 말
이 있으니 농사가 본이고 염철(鹽鐵)은 말입니다. 포천의 실정은 본이
이미 부족하니 말을 취해 보충해야 합니다....고기잡이와 소금 굽는 일
에서 지원자를 모집하여 그 이익을 백성과 나누면 국가는 한 섬의 곡식
도 소비하지 않고 한 사람의 인력도 번거롭게 하지 않고 만 사람의 삶을
건질 수 있으며 현(縣)은 백년을 보존할 수 있습니다.[59]

---

59 『土亭遺稿』, 莅抱川時上疏.

포천 현감으로 재직 중에 올린 이 상소문에서 토정은 두 가지 본말론(本末論)을 제기하고 있다. 덕(德)과 재(財)의 본말론과 농업과 말업간의 본말론이 그것이다. 토정은 『대학(大學)』에서 도덕은 근본이고 재물은 말단이라 한 말을 인용해 당시 포천의 현실적인 문제의 해결 방안을 제시하였다. 즉 도덕 윤리가 근본이고 경제가 말단이라고 하지만 이 양자는 서로 보완되어야만 사람의 삶이 행복해질 수 있다고 보았다. 도덕이 근본이라 하지만 먹을 것이 없고 의식이 족하지 않으면 윤리 도덕조차 유지하기가 어렵기 때문이다. 그러므로 토정은 윤리 도덕과 경제는 마땅히 상호 보완되어야 한다고 보았다.

아울러 재물의 생산에도 본말(本末)이 있는데, 농사는 근본이라면 소금을 굽는 일이나 철(鐵)을 만드는 일은 말단이라 하였다. 당시 포천의 경우는 이미 농사 자체가 부족한 현실이므로 고기잡이나 자염(煮鹽)을 통해 경제를 보완해야 한다고 보았다. 옛부터 지금까지 소금은 매우 중요한 재물인데 그 당시 소금의 경제적 가치가 매우 높았다고 볼 때, 염전을 통해 민생의 곤궁을 해결하고 나아가 국부의 증진을 꾀하고자 한 것은 대단히 혜안이라 할 수 있다. 이 두 가지 본말론은 정통 유가 사상에서는 철저하게 중본억말(重本抑末)의

"大抵德者 本也 財者 末也 而本末不可偏廢 以本制末 以末制本 然後人道不窮 生財之道 亦有本末 稼穡爲本 鹽鐵爲末 以本制末 以末補本 然後百用不乏 以包川之事言之 則本旣不足 尤當取末以補之 此豈得已而不已者乎 至於漁鹽赴役之人 則募其自願 與民分利 國家不費一石之穀 不煩一夫之力 命可活萬人 縣可保百年 何憚而莫之爲也."

입장을 취해 왔다. 그러나 토정은 이 두 가지 경우에 있어서 본과 말이 상보적 관계에 있다고 주장하고 있는 것이다. 대체로 유가에서는 의(義)와 이(利)를 철저하게 분별하여 의를 추구하고 이를 억제하는 것을 수양의 목표로 삼았으며, 농업을 중시하고 말업인 상업이나 수공업 등을 억제하는 것을 경세의 목표로 삼았다. 우리나라의 경우에도 18세기까지 이러한 경향이 지배적이었다.

토정은 처음 포천 현감에 부임했을 때 포천현의 상황이 지극히 비참하여 전국에서 가장 어려운 형편에 있다고 묘사하고 있다. 포천현은 양민이 겨우 수백에 지나지 않지만 공, 사천은 만여 명에 이르며, 토지도 척박하여 풍년이 들어도 굶주림을 면치 못한다고 한다. 그는 이러한 굶주린 백성을 진휼(賑恤)하기 위해서는 산야에 묻혀 있는 은(銀)을 제련하거나 옥(玉)을 캐내고 물고기를 잡거나 소금을 구어 그것을 통해서 많은 양곡을 마련할 수 있다고 한다.

그는 물고기를 잡는 일은 공, 사간에 소속되어 있지 않은 전라도 만경현(萬頃縣) 양초도(洋草島)를 국가에서 포천현에 소속시켜 주면 그곳에서 물고기를 잡아 수년 내로 수천 석의 곡식을 얻을 수 있으며, 소금을 굽는 일은 역시 공, 사간에 소속되어 있지 않은 황해도 풍천부(豊川府의) 초도(椒島) 염정(鹽井)을 포천현에 소속시켜 주면 그곳에서 소금을 구어 수년 안에 수천 석의 곡식을 얻을 수 있다고 한다. 그리하여 포천현이 풍족하게 되면 양초도나 초도 염정을 형편이 어려운 다른 고을에 소속시켜 같은 방법으로 여러 고을이 가난으로 부터 벗어날 수 있다고 한다. 그는 모든 산물은 다만 산지의 관아에서만 취하여 쓰게 하고 다른 고을에는 금하는 것은 잘못된 일이라고 한다. 비록 타도(他道)나 타관(他官)이라도 다 같은 임금의 땅이기 때문이라고 한다.

이러한 건의가 조정에서 받아들이지 않자 토정은 포천 현감의 직을 사임하고 말았지만, 이 상소에서 보여준 바와 같이 그의 위민정책은 개방적이고 진취적인 것으로 어떤 형식이나 틀에서 벗어나 있다. 특히 어떤 지역의 자원은 그 지역 관아에서만 개발할 수 있다는 지역적 폐쇄성을 지양해야 한다는 입장을 취함으로써 경세가의 면모를 보여주고 있다고 하겠다.

이상에서 살펴본 바와 같이 토정은 의(義)와 이(利)의 철저한 분별보다는 이 양자의 상보성을 강조했고, 또한 농업과 상·공업 등의 차별성에서 오는 중본억말(重本抑末)의 산업관에서 벗어나 이 양자의 상보성을 강조했다. 그리고 오랫동안 제도적으로 고착되고 지속되어 온 지역적 폐쇄성을 지양하려고 하였다. 이러한 일련의 주장은 그의 생각이 고루한 편견에 사로잡힘이 없이 매우 깨어있는 선각적 혜안을 가지고 있었음을 보여준다고 하겠다.

4. 맺음말

토정 이지함이 수령직을 수행하며 자신의 애민의식과 경세론을 펼칠 때는 50대 후반에서 60대 초반으로 그의 만년(晩年)이었다. 그는 방외인(方外人)적 기질로 인해 오랜 시간 전국을 유랑하며 백성들의 삶의 고달픈 현장을 생생히 체험하였고 국정의 난맥상과 민생의 고단함을 누구보다도 정확하게 알고 있었다. 그가 목민관이 되어 민생의 최일선에 나선 것은 고통당하는 백성들을 구제하기 위한 그의 애민(愛民)사상을 실천할 기회라고 생각했기 때문이었다.

그는 백성은 국가의 근본이며, 민생안정이 백성에게 최우선이고 백성이 안정되어야 나라가 평안하다는 유교적 민본주의 사상에 가장 충실한 실천가였다. 따라서 백성이 있는 곳은 아무리 먼 곳이라고 찾아가 민생의 생생한 현황을 직접 보고 듣고 확인하였다. 박봉을 털어 아랫사람을 도와주고, 폐단을 제거하여 곤궁한 백성을 구제하는 데 있어 모두 원대한 계획을 수립하였다. 그의 애민(愛民) 활동은 그의 제자인 중봉 조헌(趙憲)의 제문에서도 확인된다.

만년에 아산 고을에 부임하신 것은 백성들의 어려움을 구제하기 위해서였습니다. 아무리 멀어도 수행원을 물리치고 수레 한 대로 가보지 않으신 곳이 없었습니다. 백성들의 폐단을 강구하여 호소할 곳이 없는 불쌍한 자들을 먼저 구휼(救恤)하시기 위함이었습니다. 강물에는 고기 떼가 같이 사는데 하물며 백성들이야 어떠하겠습니까, 교활한 아전들이 착취하던 손을 거두어들이도록 만들어 간사한 도둑질을 영원히 근절시키셨습니다. 부임한 지 몇 달 안되어 멀고 가까운 지방의 모든 백성들이 진심으로 복종하였으니 만약 선생께서 가슴 속에 품은 계책을 다 펼치셨더라면 백성들이 모두 복을 받았을 것입니다.

하온데 어이하여 병환이 한번 나시자 큰 뜻을 품으신 채 운명을 하시었습니까. 마을에서는 통곡 소리가 마주 들려오고, 사람들은 선생을 일찍 빼앗아 간 하늘을 원망합니다. 비렁뱅이 아낙네도 영전에 올릴 제수를 생각하고 상여꾼은 멀리서 달려와 상여채를 메고 끄니, 천지가 영원

히 변함이 없듯이 선생께서 남기신 사랑도 천지와 더불어 길이 자취가 남을 것입니다.[60]

이와 같이 '아산현감 토정 이지함'은 진정으로 백성을 아끼고 사랑하는 바람직한 '목민관'의 모습을 보여주었다. 가난하고 힘없는 백성들의 고단한 삶을 보살피고 자립적 기반을 확충하는데 충실했다. 그러나 당시 현실의 벽은 너무 높아 포천에서는 좌절하여 관직을 떠났고 아산에서는 의욕적인 복무 자세를 보여주었지만 갑작스런 사망으로 꿈을 실현하지 못하였다. 하지만 그의 애민사상은 백성들이 먼저 알았다. 그의 죽음에 아산의 백성들은 친척이 죽은 것처럼 슬퍼하고,[61] 노소를 막론하고 마치 부모의 상을 당한 것처럼 거리를 가로막고 울부짖으며 다투어 고기와 술로 제사를 올렸다.[62]

토정이 포천과 아산에서 현감으로 재임 중에 보여준 공통점은 백성들의 고통을 해결해 주도록 중앙정부에 상소문을 올린 것이다. 그 내용 속에 자신이 만난 백성들의 이름과 나이, 궁벽한 처지와 사연을 구체적으로 기술하고 있는데, 이것은 수하의 아전들을 배제하고 자신이 직접 민생현장을 방문하여 백성들의 어려움을 몸소 확인하고 청취한 내용이었다.

---

60 『土亭遺稿』, 부록, 조헌, 토정 선생에게 올리는 제문.

61 『선조수정실록』 권12, 선조 11년 7월 1일(경술) 이지함 졸기.
　　嘗曰: "得百里之邑而爲之, 貧可富、薄可敦、亂可治, 足以爲國保障。" 末年赴牙山爲政, 其治以愛民爲主, 除害袪弊, 方有施設, 遽以病卒, 邑人悲之, 如喪親戚。
　　『土亭遺稿』附錄 土亭先生墓碣銘 幷書 (李山海)

62 『선조수정실록』 권20, 선조 19년 10월 1일(임술) 조헌의 상소문.

　토정이 상소를 통해 건의한 정책 내용은 당시의 일개 일선 지방 수령이 해결할 수 없을 정도로 구조적인 문제와 사회적 폐단에 기인 한 것이었다. 따라서 국정의 난맥상을 형성하는 구조적 문제를 해결 하지 않으면 총체적 난국과 민생의 고통을 해결하기가 어려웠다. 그 럼에도 불구하고 민생을 도우려는 토정의 노력은 유학자로서의 본 분을 엄격하게 지키면서도 학문의 개방성과 실학(實學)의 길을 선도 했다는 점에서 높이 평가된다.

【토정(土亭) 이지함의 생애와 교유 양상 _ 이경동】

『土亭遺稿』『江漢集』『記言』『魯西遺稿』『湛軒書』『同春堂集』『文谷集』『眉庵集』『夢梧集』『白沙集』『樊巖集』『沙溪全書』『思庵集』『守夢集』『牛溪年譜補遺』『栗谷全書』『花潭集』

『鵝溪李相國年譜』『德川師友淵源錄』『東儒師友錄』『東儒學案』『朝鮮儒敎淵源』『東國輿地志』『石潭日記』『燃藜室記述』『荷谷先生朝天記』

韓山李氏土亭集刊行委員會, 『(國譯)土亭集』, 학문사 닷컴, 2003.

김우기, 『朝鮮中期 戚臣政治研究』, 집문당, 2001.

신병주, 『이지함 평전 : 土亭 李之菡』, 글항아리, 2008.

최완기, 『朝鮮時代 서울의 經濟生活』, 서울시립대학교 서울학연구소, 1994.

한춘순, 『明宗代 勳戚政治 研究』, 혜안, 2006.

고영진, 「조선시대 유학 계보 연구의 검토」, 『韓國思想史學』41, 한국사상사학, 2012.

권인호, 「朝鮮朝 抱川 地域 儒學者의 生涯와 학문사상(Ⅰ) - 土亭 李之函·思庵 朴淳·研經齋 成海應을 중심으로-」, 『인문학연구』1, 대진대학교 인문학연구소, 2006.

김경래, 「명종대 말~선조대 초반의 정국과 沈義謙」, 『조선시대사학보』82, 조선시대사학회, 2017.

김덕진, 「海狂 宋濟民의 학문성향과 의병활동」, 『역사학연구』44, 호남사학회, 2011.

김 돈, 「宣祖代 沈義謙·金孝元 갈등 요인 檢討」, 『역사교육』79, 역사교육연구회, 2001.

김문준, 「중봉(重峯) 조헌(趙憲)의 경세론(經世論)-만언소(萬言疏)를 중심으로

-」, 『한국철학논집』 62, 한국철학사연구회, 2019.

김문준, 「율곡학파 경세론의 도학적 경세정신」, 『율곡학연구』 43, 율곡학회, 2020.

김성준, 「토정 이지함의 유통경제관과 그 영향」, 『해운물류연구』 26-3, 한국해운물류학회, 2010.

김진봉, 「壬辰亂中 湖西地方의 義兵活動과 地方士民의 動態에 관한 硏究」, 『사학연구』 34, 한국사학회, 1982.

김창경, 「고청 서기의 학문과 사상」, 『유학연구』 46, 충남대학교 유학연구소, 2019.

김 호, 「환난상휼의 실천, 16·17세기 향촌 사족들의 지방 의국(醫局) 운영」, 『역사와 현실』 127, 한국역사연구회, 2023.

리기용, 「중봉 조헌의 개혁사상과 의병활동에 관한 고찰」, 『한국사상과 문화』 15, 한국사상문화학회, 2002.

박종덕, 「土亭 李之菡의 사상과 『土亭秘訣』」, 『역사와 세계』 38, 효원사학회, 2010.

방기철, 「이지함(李之菡)의 빈민구제활동과 걸인청(乞人廳)」, 『한국사상과 문화』 92, 한국사상문화학회, 2018.

손지봉·안장리, 「문학 속의 牙山 연구」, 『한국민속학』 36, 한국민속학회, 2002.

신병주, 「土亭 李之菡의 學風과 사회경제사상」, 『奎章閣』 19, 1996.

_____, 「16세기 處士類 士林의 擡頭와 學風 -南冥 曺植과 花潭 徐敬德을 중심으로-」, 『奎章閣』 21, 서울대학교 규장각한국학연구원, 1998.

_____, 「관료학자 李山海의 학문과 현실대응」, 『한국문화』 49, 서울대학교 규장각한국학연구원, 2010.

오지환, 「퇴계의 선비관」, 『유학연구』 34, 충남대학교 유학연구소, 2016.

유춘동, 「토정(土亭) 이지함 관련 자료로 본 걸인청(乞人廳)의 복원문제」, 『한국사상과 문화』 94, 한국사상문화학회, 2018.

이경동, 『조선후기 정치·사상계의 율곡 이이 인식 변화 연구』, 고려대학교 박사학위논문, 2019.

이동인, 「16세기 고청 서기의 학문 계보와 사우관계」, 『역사와 현실』 115, 한국역사연구회, 2020.

이동인, 「16세기 서기(徐起)의 학문적 다양성」, 『한국사상사학』 67, 한국사상사
　　　학회, 2021.

＿＿＿, 「16세기 화담 서경덕과 개성문인의 사회적 조건」, 『조선시대사학보』
　　　103, 조선시대사학회, 2022.

이성무, 「퇴계 이황의 생애와 사상」, 『조선시대사학보』 45, 조선시대사학회,
　　　2008.

이윤규, 「토정 이지함 경제관의 현대적 재조명」, 『한국전통상학연구』 22-2, 한
　　　국전통상학회, 2008.

이정철, 「선조대 '동서분당' 전개의 초기 양상-이이를 중심으로-」, 『민족문화』
　　　43, 한국고전번역원, 2014.

임선빈, 「孤靑 徐起의 역사적 實在와 記憶의 이중주」, 『역사민속학』 45, 한국역
　　　사민속학회, 2014.

＿＿＿, 「조선 선조대 이산보의 관직생활」, 『淸溪史學』 23, 청계사학회, 2021.

최근묵, 「保寧地方의 性理學 受容과 그 學脈」, 『大保文化』 6, 대보문화연구회,
　　　1997.

한춘순, 「明宗代 乙巳士禍 硏究」, 『인문학연구』 2, 경희대학교 인문학연구원,
　　　1998.

황광욱, 「土亭 李之菡의 人間觀과 道德的 經世論에 관한 小考」, 『한국철학논집』
　　　19, 한국철학사연구회, 2006.

황인덕, 「〈아전의 흉계로 죽은 토정〉 전설 연구」, 『충청문화연구』 2, 충남대학
　　　교 충청문화연구소, 2009.

＿＿＿, 「〈조카의 반심을 교화한 토정〉 전설의 역사의식과 역사배경」, 『어문연
　　　구』 63, 어문연구학회, 2010.

＿＿＿, 「이 토정의 '청주 홍수 예고' 전설 고찰」, 『어문연구』 76, 어문연구학회,
　　　2013.

【토정(土亭) 이지함의 이인(異人) 형상과 생성 배경 _ 전성운】

『선조실록』 7권, 선조 6년 6월 3일.
『선조수정실록』 7권, 선조 6년 5월 1일.

〈졸기〉, 『선조수정실록』 선조 11년 7월 1일.

『맹자집주』, 「진심장구하(盡心章句下)」.

『근사록집해(近思錄集解)』 권지이(卷之二) 「위학(爲學)」 58.

『동패락송』 권곤.

〈과욕설〉, 『토정선생유고』 권상.

〈남명사우록(南溟師友錄)〉, 『토정선생유고』 권하.

〈박현석사우록(朴玄石師友錄)〉, 『토정선생유고』 권하.

〈피지음설(避知音說)〉, 『토정선생유고』 권상.

〈혹인기사(或人記事)〉, 『토정선생유고』 권하.

서종태, 〈서원사액제문(書院賜額祭文)〉, 『토정선생유고』 권하.

송시열, 〈토정유고발(土亭遺稿跋)〉, 『토정선생유고』 권하.

이관명(李觀命), 〈아산현감이공시장(牙山縣監李公諡狀)〉, 『토정선생유고』 권하.

이산해, 〈묘갈명병서(墓碣銘竝序)〉, 『토정선생유고』 권하.

정　호, 〈토정선생유고(土亭先生遺稿序)〉, 『토정선생유고』.

조　헌, 〈제토정선생문(祭土亭先生文)〉, 『토정선생유고』 권하.

이　이, 〈석담일기(石潭日記)〉, 『토정선생유고(土亭先生遺稿)』 권하.

_____, 〈석담일기〉 권지상, 융경 육년 임신.

_____, 〈석담일기〉 권지하, 만력 칠년 기묘.

이규경, 「도장총설(道藏總說)」, 『오주연문장전상고』, 「경사편」 2.

이긍익, 〈서기〉, 『연려실기술』 제18권.

이　익, 〈철관행〉, 『해동악부』, 『성호전집(星湖全集)』 제8권.

『송사(宋史)』, 「도학열전(道學列傳)」, 제186.

김동욱, 「土亭이야기의 문헌 전승 양상」, 『어문학연구』 1, 상명여자대학교 어문
　　　학연구소, 1986.

박기룡, 「허생전 인물 형성의 배경 연구―이지함·허호의 생애와 단편설화를 중
　　　심으로」, 『대구어문논총』 12, 대구어문학회, 1994.

손지봉·안장리, 「문학 속의 牙山 연구」, 『한국민속학』 제36권, 한국민속학회,
　　　2002.

신병주, 「화담학과 근기사림의 사상」, 『국학연구』 제7집, 한국학진흥원, 2005.

_____, 『이지함 평전』, 글항아리, 2008.

윤재근, 「토정 이지함 전승 연구(I)」, 『어문논집』 27, 고려대학교 국어국문학연
　　　구회, 1987.

이석호 역주, 『청학집』, 『한국기인전 청학집』, 명문당, 1990.

_____, 『화현파수록』, 『한국기인전 청학집』, 명문당, 1990.

진　래 지음, 안재호 옮김, 『송명성리학』, 예문서원, 1997.

최운식, 「토정 이지함 설화 연구」, 『한국민속학』 제33권, 한국민속학회, 2001.

_____, 「충남지역 인물 전설의 전승 양상과 활용 방안」, 한국민속학 제38권,
　　　한국민속학회, 2003.

황인덕, 「반심을 교화한 토정 전설의 역사의식과 역사 배경」, 『어문연구』 63,
　　　어문연구학회, 2010.

_____, 「아전의 흉계로 죽은 토정 전설 연구」, 『충청문화연구』 제3집, 충남대
　　　학교 충청문화연구소, 2009.

_____, 「이토정의 청주 홍수 예고 전설 고찰」, 『어문연구』 76, 어문연구학회,
　　　2013.

_____, 「토정 이지함 작 〈차도정절귀거래사〉 고찰」, 『충청문화연구』 제8집,
　　　충남대학교 충청문화연구소, 2012.

_____, 「토정 이지함의 과욕(寡欲) 사상과 관련 전설 고찰」, 『충청문화연구』
　　　10, 충남대학교 충청문화연구소, 2013.

【토정(土亭) 이지함의 학문 본령과 사상적 귀착점 _ 최영성】

이지함, 『토정유고』, 한국문집총간 36.

이　이, 『율곡전서』, 한국문집총간 44~45.

이산해, 『아계유고(鵝溪遺稿)』, 한국문집총간 47.

신병주, 『이지함 평전』, 글항아리, 2008.

【토정(土亭) 이지함의 수신(修身)과 처세(處世)의 사유 기반 _ 전성운】

『논어』, 「공야장(公冶長)」.

『논어』, 「양화(陽貨)」.

『맹자집주』, 「등문공하(滕文公下)」.

『맹자집주』, 「고자장구상(告子章句上)」 15.

『맹자집주』, 「공손추장구상(公孫丑章句上)」 7.

『맹자집주』, 「진심장구하(盡心章句下)」.

『비지현토 정본주역』, 명문당, 1978.

『중용』 제1장.

『중용』 제11장.

『선조수정실록』 7권, 선조 6년 5월 1일.

『선조실록』 7권, 선조 6년 6월 3일.

『송사(宋史)』, 「도학열전(道學列傳)」.

『장자(莊子)』, 「양왕(讓王)」 8장.

〈과욕설〉, 『토정선생유고』 권상.

〈대인설〉, 『토정선생유고』 권상.

〈피지음설〉, 『토정선생유고』 권상.

〈출중봉소(出重峯疏)〉, 『토정선생유고』 권하.

서종태, 〈서원사액제문(書院賜額祭文)〉, 『토정선생유고』 권하.

송시열(宋時烈), 〈토정유고발(土亭遺稿跋)〉, 『토정선생유고(土亭先生遺稿)』 권
　　　하(卷下).

이관명(李觀命), 〈아산현감이공시장(牙山縣監李公諡狀)〉, 『토정선생유고』 권하.

이산해, 〈묘갈명병서(墓碣銘竝序)〉, 『토정선생유고』 권하.

이　이, 〈석담일기(石潭日記)〉, 『토정선생유고』 권하.

정　호, 〈토정선생유고서(土亭先生遺稿序)〉, 『토정선생유고』.

도연명, 〈귀거래사(歸去來辭)〉, 『漢魏六朝詩鑑賞辭典』, 上海辭書出版社, 2003.

소　옹, 『격양집(擊壤集)』 권9.

권인호, 「토정 이지함의 출세의리와 실학사상」, 『한중철학』 제4집, 한중철학회,
　　　1998.

김창경, 「토정 이지함의 도학사상」, 『율곡학연구』 제35집, 율곡학회, 2017.

박종덕, 「토정 이지함의 사상과 토정비결」, 부산대학교 석사학위논문, 2010.

신병주, 「토정이지함의 학풍과 사회경제사상」, 『규장각』 19, 서울대학교 규장
　　　각 한국학연구원, 1996.

신병주, 「화담 서경덕의 학풍과 현실관」, 『한국학보』 84, 1996.

_____, 『이지함 평전』, 글항아리, 2008.

전성운, 「아산현감 토정 이지함의 친민 정책과 사상적 배경」, 외암사상연구소
　　　편, 『아산 유학의 여러 모습』, 지영사, 2010.

황의동, 『한국유학사상』, 서광사, 1995.

황인덕, 「토정 이지함의 과욕(寡欲) 사상과 관련 전설 고찰」, 『충청문화연구』
　　　10, 충남대학교 충청문화연구소, 2013.

_____, 「토정 이지함 작 〈차도정절귀거래사〉 고찰」, 『충청문화연구』 8, 충남대
　　　학교 충청문화연구소, 2012.

【토정(土亭) 이지함의 애민 활동과 실천적 경제사상 _ 김일환】

姜聖祚, 「土亭 李之菡 硏究」, 『論文集 제5집-人文과학편』, 인천대학, 1983.

강정화, 『남명과 그의 벗들』, 경인문화사, 2007.

고제희, 『한국 명문가의 문화유적 하권 -지방권-』, 문예마당, 2012.

_____, 『『한국 36 인물유산 파워스폿(지방권)』, 문예마당, 2012.

구재현, 「토정 이지함의 행정철학과 공직윤리」, 『한국정책연구』 10-1, 경인행
　　　정학회, 2010.

權仁浩, 「朝鮮朝 抱川 地域 儒學者의 生涯와 학문사상(Ⅰ) - 土亭 李之菡·思庵
　　　朴淳·硏經齋 成海應을 중심으로」, 『인문학연구』 제1호, 대진대학교 인
　　　문학연구소, 2006.

김서윤, 『토정 이지함, 민중의 낙원을 꿈꾸다』, 포럼, 2008.

김성준, 「토정 이지함의 유통경제관과 그 영향」, 『해운물류연구』 66, 2010.

_____, 「다산(茶山) 정약용의 유통물류, 상업관 연구 -『경세유표(經世遺表)』
　　　를 중심으로-」, 『해운물류연구』 75, 2012.

김성환, 「민생을 위한 백용(百用)의 실천가, 이지함(李之菡) : 16세기 처사형
　　　사림(士林)의 한 예」, 『선도문화』 12, 2012.

김영진, 『조선특종 - 야사 속의 기인과 이인들』, 태평양저널, 2008.

_____, 『조선의 괴짜 선비들』, 태평양저널, 2013.

김일환, 「토정 이지함의 목민관(牧民官) 활동에 대한 연구」, 『아산문화』 1, 온양

문화원, 2020.

김창경, 「토정 이지함의 도학사상(道學思想) 연구」, 『율곡학연구』 35, 2017.

KBS 한국방송공사, 『한국사傳 2 – '인물'로 만나는 또 하나의 역사』, 한겨레출판, 2008.

노대환 외, 『베스트셀러의 저자들 – 한국인의 정신을 정초한 천년 베스트셀러의 저자들』, 동녘, 2007.

박기룡, 「허생전 인물형성의 배경 연구 – 이지함. 許鎬의 생애와 단편 설화를 중심으로」, 『우리말 글』 12, 1993.

朴大圭, 「朝鮮王朝의 實學的 重商主義思想에 관한 論攷」, 『産業經營研究』 11, 2001.

박성래, 「한국과학기술의 맥(11)–조선중기 대학자이며 기인 토정 이지함」, 『과학과 기술』 20-1, 1987.

_____, 「역사속 과학인물–토정비결의 창안자 이지함」, 『과학과 기술』 28-3, 1995.

박영만, 『인생열전–묘비명으로 본 삶의 의미–』, 프리윌, 2110.

박종덕, 「土亭 李之菡의 사상과 『土亭秘訣』」, 『역사와 세계』 38, 효원사학회, 2010.

徐恩淑, 「公職倫理 定立을 위한 朝鮮王朝 政治社會에서 淸白吏의 機能에 관한 研究」, 『倫理研究』 50, 2002.

방기철, 「이지함의 빈민구제활동과 걸인청」, 『한국사상과 문화』 92, 2018.

배지혜, 「이지함(李之菡)의 걸인청(乞人廳)을 활용한 ICT 융합콘텐츠 제안」, 『한국사상과 문화』 93, 2018.

손지봉, 안장리, 「문학 속의 牙山 연구」, 『韓國民俗學』 36-1, 2002.

신병주, 「관료학자 李山海의 학문과 현실대응」, 『韓國文化』 49, 2010.

_____, 『규장각에서 찾은 조선의 명품들 – 규장각 보물로 살펴보는 조선시대 문화사』, 책과 함께, 2007.

_____, 『이지함 평전』, 글항아리, 2008.

_____, 「조선시대를 이끈 인물들 ; 이지함(李之菡), 기인(奇人)인가, 사회경제사상가인가?」, 『선비문화』 5, 2005.

_____, 「土亭 李之菡의 學風과 사회경제사상」, 『奎章閣』 19, 서울大學校奎章閣, 1996.

신병주, 「화담학과 근기사림의 사상」, 『국학연구』 7, 2005.

신정일, 『신정일의 새로 쓰는 택리지 7 : 제주도』, 다음생각, 2012.

심재기, 「한국의 명문순례 10 : 이지함의 대인설」, 『한글한자문화』 55, 2004.

심현철, 「토정 이지함에 대한 경영학적 소고」, 『경영관리연구』 7-2, 성신여자 대학교 경영연구소 2014.

유재건, 『이향견문록 – 이조시대 탁월한 서민들 이야기』, 글항아리, 2008.

유지은, 『철학자의 여정:토정 이지함과 함께 걷다』, 이야기나무, 2016.

유춘동, 「토정(土亭) 이지함의 관련 자료로 본 걸인청(乞人廳)의 복원문제」, 『한 국사상과 문화』 94, 2018.

尹絲淳, 『한국의 사상』, 열음사상총서 1, 열음사, 1984.

윤재근, 「토정 이지함전승연구(1)」, 『어문논집』 27-1, 1987.

이광희, 『忠淸魂脈 (上) – 조선조부터 근대까지』, 오늘의 문학사, 2006.

이동인, 「16세기 고청 서기의 학문 계보와 사우관계」, 『역사와 현실』 115, 2020.

이문구, 『토정 이지함』 시리즈 : 이문구 전집 시리즈 7, 랜덤하우스, 2004.

이석호, 『한국기인전·청학집』, 명문당, 2010.

李崙圭, 「토정 이지함의 상업관에 관한 연구」, 『韓國傳統商學硏究』 14-1, 韓國 傳統商學會, 2000.

이윤규, 「토정 이지함 경제관의 현대적 재조명」, 『韓國傳統商學硏究』 22-2, 2008.

이이화, 『그대는 적인가 동지인가』, 김영사, 2009.

＿＿＿, 『진리는 다르지 않다』, 김영사, 2008.

＿＿＿, 『이야기 인물한국사 2—민족문화를 일으킨 선각자들—』, 한길사, 1993.

＿＿＿, 『이야기 인물한국사 5—역사상의 라이벌과 동반자—』, 한길사, 1993.

이종범, 「조선전기 潭陽 大谷 宋氏家의 成長과 關係網」, 『호남문화연구』 50, 2011.

이태복, 『조선의 슈퍼스타 토정 이지함 –반만년 역사, 최고의 경세가 토정의 삶과 사상-』, 동녘, 2011.

日新閣 편, 『歷史의 人物 3』, 日新閣, 1979.

丘在賢, 「토정 이지함의 행정철학과 공직윤리」, 『한국정책연구』 10-1, 2010.

임창순, 「고전해제 (4)-토정집」, 『도서관문화』 12(1) 13-14, 한국도서관협회, 1971.

전성운, 「아산현감 토정 이지함의 친민정책과 사상적 배경」, 『아산유학의 여러
　　　모습』, 시영사, 2010.

정구선, 『조선시대 처사열전』, 서경, 2005.

＿＿＿, 『조선의 발칙한 지식인을 만나다』, 애플북스, 2009.

＿＿＿, 「朝鮮前期 遺逸之士의 삶에 대한 一考察」, 『慶州史學』 22, 慶州史學會,
　　　2003.

정종복, 「李土亭의 경제적 사회주의」, 『교수아카데미총서』 7-1, 1994.

趙石來, 「於于 柳夢寅의 文學에 나타난 神仙思想」, 동아시아 『문화연구』 12,
　　　1987.

崔槿黙, 「保寧地方의 性理學 受容과 그 學脈」, 『大保文化』 6집, 大保文化研究
　　　會, 1997.

최운식, 「설화에 나타난 土亭의 모습」, 『說話와 歷史』, 集文堂, 2000.

＿＿＿, 「土亭 李之菡 설화 연구」, 『韓國民俗學』 33-1, 2001.

한영우선생정년기념, 『63인의 역사학자가 쓴 한국사 인물 열전』 2, 돌베개,
　　　2003.

현상윤, 『현상윤의 조선유학사』, 심산, 2010.

홍일표, 「옛 인물에게서 배운다 : 李之菡, 成宗, 金彦辛의 곧은 성품」, 『地方行
　　　政』 48-551, 1999.

황광욱, 「토정 이지함의 인간관과 도덕적 경제론에 관한 소고」, 『한국 철학논집』
　　　19, 2006.

황인덕, 「'아전의 흉계로 죽은 토정' 전설 연구」, 『충청문화연구』 2, 2009.

＿＿＿, 「〈조카의 반심을 교화한 토정〉 전설의 역사의식과 역사배경」, 『語文研
　　　究』 63, 2010.

＿＿＿, 「토정 이지함 작 〈次陶靖節歸去來辭〉 고찰」, 『충청문화연구』 8, 2012.

＿＿＿, 「토정 이지함의 과욕(寡慾) 사상과 관련 전설 고찰」, 『충청문화연구』
　　　10, 2013.

黃義東, 「湖西儒學의 展開樣相과 特性」, 『南冥學研究』 16, 2003.

집필진(원고 수록순)

이경동

고려대학교 문과대학 한국사학과 학사 졸업하고 고려대학교 일반대학원 한국사학과 석사, 박사 졸업하였다. 현재 공주대학교 백제문화연구소 연구교수이다. 「조선후기 정치・사상계의 율곡 이이 인식 변화 연구」로 박사 학위를 받았으며, 주요 연구논문으로 「조선후기 율곡 이이 문집 편찬의 추이와 의의」, 「17세기 사상계의 율곡 경세론 수용과 전개」, 「朝鮮時代 冶隱 吉再에 대한 인식과 위상」 등 다수가 있다.

전성운

고려대학교 대학원에서 문학박사학위를 취득했으며 현재 순천향대학교 한국문화콘텐츠학과 교수로 재직 중이다. 주요 경력으로 순천향대학교 한국어교육원 원장, 아산연구소 소장 등을 역임하였다. 논저로『신광한 기재기이』(보고사, 2022),『역사 기록속의 牙山』(보고사, 2021),『한중소설대비의 지평』(보고사, 2005) 외 다수가 있다.

최영성

1985년 성균관대학교 유학대학 한국철학과를 졸업, 동 대학원에서 철학박사학위를 받았다. 영산대학교 국제학부 교수를 거쳐, 2000년부터 한국전통문화대학교 무형유산학과 교수로 재직 중이다. 동 대학 학술정보관장, 전통문화연구소장, 교학처장 등 보직을 맡았으며, 한국유교학회 부회장, 한국철학사연구회 회장, 국제유교연합회 이사, 한국철학회 부회장, 농산학회 회장 등을 지내고, 현재 간재학회(艮齋學會) 명예회장으로 있다. 주요 저서 및 번역서로는『역주 최치원전집』(1997~98),『한국의 학술연구: 동양철학편』(공저, 2001),『한국철학사상사』(공저, 2003),『고운 최치원의 철학사상』(2012),『역주 한재집』(2012),『한국의 금석학 연구』(2014),『사상으로 읽는 전통문화』(2016),『무풍군 이총 평전』(2023) 등 다수가 있고, 2023년 현재 150여 편의 논문을 발표하였다.

김일환

홍익대학교 역사교육과, 고려대대학원에서 문학석사, 홍익대대학원에서 문학박사를 받고
호서대학교 창의교양학부 교수로 재임하다가 정년퇴직을 했다. 한국학중앙연구원 책임연
구원, 홍익대학교 겸임교수, 순천향대학교 아산학연구소 초빙교수 등을 역임했다. 주요
논저로『아산의 역사문화연구』(보고사, 2021),『동아시아 문명과 생명−생태 성장사회』
(공저, 보고사, 2022),『만전당 홍가신의 삶과 철학』(공저, 보고사, 2023),「임진왜란 후
청난공신(淸難功臣) 선정에 관한 연구」(『한국사학사학보』46, 한국사학사학회, 2022) 외
다수가 있다.

아산인물총서 2

토정 이지함의 생애와 경세론

2024년 1월 30일 초판 1쇄 펴냄

엮은이 순천향대학교 아산학연구소
펴낸이 김흥국
펴낸곳 보고사

책임편집 이소희
표지디자인 김규범

등록 1990년 12월 13일 제6-0429호
주소 경기도 파주시 회동길 337-15 보고사
전화 031-955-9797(대표)
팩스 02-922-6990
메일 bogosabooks@naver.com
http://www.bogosabooks.co.kr

ISBN 979-11-6587-672-2   93910
ⓒ 순천향대학교 아산학연구소, 2024

정가 18,000원

· 이 책자는 아산시 후원으로 제작되었습니다.